Drei Leuchtspuren
in der
Geschichte
Deutschlands

RHOMBOS-VERLAG · BERLIN

Bibliografische Information Der Deutschen Bibliothek

Die Deutsche Bibliothek verzeichnet diese Publikation in der
Deutschen Nationalbibliografie; detaillierte bibliografische Daten sind im
Internet über http://dnb.ddb.de abrufbar

© 2004 RHOMBOS-VERLAG, Berlin
Printed in Germany

Umschlag: RHOMBOS-VERLAG, Berlin

VK-Nr. 65 859
www.rhombos.de
verlag@rhombos.de

RHOMBOS-VERLAG, Kurfürstenstr. 17, 10735 Berlin

Druck: dbusiness GmbH, Berlin, Eberswalde

Fotos :
S. 9: Moritz Busch, Mit Bismarck vor Paris, Berlin 1940
S. 29: A. Vallentin, Stresemann, Berlin 1930
S. 51: Archiv Annlies von Bernstorff
S. 64: Rainer Brunst
S. 65: Rainer Brunst

ISBN 3-937231-32-3

Rainer Brunst

Drei Leuchtspuren in der Geschichte Deutschlands

RHOMBOS-VERLAG · BERLIN

Inhaltsverzeichnis

Albrecht Graf Bernstoff 1890 - 1945 51

Die Majestät des Gewissens 53

Literaturhinweise 69

Vorwort

Die Zeit von 1815 bis 1945 gehört zu den bewegtesten in der deutschen Geschichte. Sie führt uns vom Abschluss des Wiener Kongresses und der Verbannung Napoleons nach Sankt Helena über die Gründung des deutschen Kaiserreiches, die Weimarer Republik, die Machtergreifung der Nationalsozialisten bis zum Ende des Zweiten Weltkrieges und der bedingungslosen Kapitulation Hitler-Deutschlands. Das ist der geschichtliche Rahmen der drei Vorträge.

Er ergibt sich durch die Lebensläufe aller drei Persönlichkeiten. Otto von Bismarck wurde 1815 geboren. Als Gustav Stresemann 1879 das Licht der Welt erblickte, war der eiserne Kanzler auf dem Höhepunkt seiner Macht. Albrecht von Bernstorff kam wenige Wochen vor dem Sturz Bismarcks 1890 zur Welt. Ihm war es nicht vergönnt, die Befreiung Deutschlands zu erleben, da er einem letzten Racheakt der SS zum Opfer fiel. Alle drei Persönlichkeiten besaßen ein besonderes Profil. Sie bewiesen zu ihrer Zeit Mut, Entschlossenheit, Tatkraft und Konsequenz. Dabei waren sie nicht frei von Schwächen und Unzulänglichkeiten. Alle drei Persönlichkeiten haben unbestritten Leuchtspuren in der Geschichte hinterlassen.

Darum hat der Autor sich entschlossen, dem Buch diesen Titel zu geben. Grundlage für das Buch waren drei Vorträge zur Zeitgeschichte, die der Autor auf Schloss Wiligrad und in Schwerin gehalten hat. Bei Albrecht von Bernstorff stand das Erinnern an vergessene Kämpfer gegen die Nationalsozialisten im Mittelpunkt.

Das Anliegen des Vortrags über Otto von Bismarck bestand darin, anlässlich seines 100. Todestages ein Lebensbild ohne irgendwelches Rankenwerk zu zeichnen. Einem der vier deutschen Träger des Friedens-Nobelpreises endlich mehr Gewicht in der Öffentlichkeit zu geben, war Anliegen des Vortrages über Gustav Stresemann. Bei allen drei arbeitete der Autor ihren Bezug zu Mecklenburg-Vorpommern heraus. Das war bei Albrecht von Bernstorff leicht, da die Ursprünge der Adelsfamilie in Mecklenburg liegen. Bei Bismarck und Stresemann hingegen sind es Orte und Personen aus unserem Land, die mit ihnen verbunden waren.

Was soll dieses Büchlein leisten? Wer auf der Suche nach Leuchtspuren in der Geschichte ist, findet Anregungen für die heutige Zeit. Die junge Generation habe ich dabei ebenso im Blick wie die Erwachsenen. Das ist eine Aufgabe der politischen Bildung. Die Vorträge sind im Wesentlichen unverändert geblieben, jedoch ergänzt durch Zeittafeln und Literaturhinweise. Danken möchte ich H. Joska Pintschovius, 1. Vorsitzender des Kunstvereins Wiligrad e.V. Er moderierte die Veranstaltungen über Albrecht von Bernstorff und Otto von Bismarck hervorragend. Danken möchte ich Sebastian Ehlers in Schwerin, welcher mir es ermöglicht hat, den Stresemann-Vortrag vor dem Ring politischer Jugend zu halten.

Wolfgang Block danke ich für seine Unterstützung bei der Realisierung des Buches.

Rainer Brunst

Otto von Bismarck
1815 - 1898

Ein Realo und eine Revolution von oben

Meine Ausführungen stehen unter dem Thema: "Ein Realo und eine Revolution von oben". Heute verstehen wir unter einem Realo den kompromissfähigen Flügel einer ökologisch orientierten Partei, die als ihren anderen Flügel die Fundis hat. Realo steht für eine Realpolitik, Fundi für starres Festhalten an irgendwelchen Dogmen. Realo kann auch stehen für eine Politik, die die Kunst des Möglichen effektiv zu meistern versteht. Heute vor genau 100 Jahren endete der Lebensweg des deutschen Politikers Otto von Bismarck in Friedrichsruh. Er war zu seiner Zeit der gemachte Realpolitiker, der es zur richtigen Zeit und am richtigen Ort verstand, die drängendste Frage des vergangenen Jahrhunderts, die Herstellung eines einheitlichen deutschen Nationalstaates zu lösen. Und nach dessen Gründung verstand er die Aufrechterhaltung eines machtpolitischen Gleichgewichtes in Europa als seine vordringliche Aufgabe. Ihm fiel sogar die Aufgabe eines ehrlichen Maklers in Europa zu. Ich möchte wesentliche Stationen des politischen Lebens von Otto von Bismarck in einem ersten Teil skizzieren und dann in aller Kürze versuchen, wenigstens einige Impulse für eine anschließende Diskussion zu geben.

■ Kindheit und Jugend

Otto von Bismarck wurde am 1. April 1815 in Schönhausen in der Altmark geboren. Sein Vater war Ferdinand von Bismarck, der zum alteingesessenen Landadel gehörte. Er hatte früh seinen Abschied vom Militär genommen und saß seitdem auf seinem Gut. Wilhelmine Luise Mencken, die Mutter Bismarcks, stammte aus einer Gelehrtenfamilie.

Ihr Vater hatte als Kabinettssekretär unter Friedrich dem Großen und dann als Kabinettsrat unter Friedrich Wilhelm II. und Friedrich Wilhelm III. gedient und bis zu seinem Tode 1801 einen erheblichen Einfluss auf die preußische Politik ausgeübt. Wilhelmine Mencken lehnte innerlich die Welt des Adels ab. Bereits ein Jahr später übersiedelte die Familie nach Kniephof bei Naugard in Pommern, um die dort von einer Nebenlinie ererbten Güter zu bewirtschaften. Sechsjährig kam Otto in ein Internat in Berlin. Auf diese Zeit blickt er später mit tiefer Abneigung zurück. Es habe viel „Zwang und Methode und widernatürliche Dressur" geherrscht und die Lehrer seien "demagogische Turner" gewesen, welche „den Adel hassten". Auch auf die Sommerferien konnte er sich nicht freuen, da seine Mutter regelmäßig im Juli auf Badereise ging.

Nach Gymnasium und Abitur folgte ein Jura-Studium in Göttingen. Das war der damals übliche Weg, um sich auf eine Tätigkeit im Staatsdienst vorzubereiten. Das erste juristische Examen bestand er ohne großen Glanz und durchlief dann die Referendarausbildung am königlichen Stadtgericht in Berlin. Gleichzeitig bereitete er sich auf die Aufnahmeprüfung in den Staatsdienst vor. Sie bestand aus zwei schriftlichen Arbeiten, einer philosophischen und einer staatsrechtlichen, sowie einer mündlichen Prüfung. Thema seiner staatsrechtlichen Arbeit war: „Über Sparsamkeit im Staatshaushalt". Während er das Jahr in Berlin noch einigermaßen über die Bühne bringt, gerät er dann aber in Aachen in eine schwere Identitätskrise. Es folgt eine rasche Verlobung mit der Tochter eines englischen Geistlichen, er meint seine große Liebe gefunden zu haben. Weiter gehts nach Wiesbaden, verlor dabei ein kleines Vermögen an dem Spieltisch und reiste dann mit seiner sogenannten Familie kreuz und quer durch Deutschland ohne festes Ziel und ohne konkrete Zukunftspläne. Dann will er nach München, aber sein Pass war abgelaufen und die Bayern ließen ihn nicht einreisen. Die preußische Gesandtschaft in Stuttgart hingegen wollte ihm ohne eine schriftlich vorliegende Urlaubsgenehmigung nur eine Bescheinigung ausstellen, die ihm die Rückkehr nach Aachen ermöglichen sollte. Nach vier Monaten war alles vorbei, Ende der Romanze, ein Versuch des Aussteigens aus dem Etablissement. Dezember 1837 nahm er beim Potsdamer Regierungspräsidium seinen Referendardienst wieder auf. Doch schon vier Monate später geht Otto von Bismarck zum Militär und anschließend bricht er bald seine Ausbildung ab, um Landedelmann zu werden.

Dazu benötigte er jedoch die Zustimmung und Unterstützung seiner Eltern. Seine Mutter, eine sehr ehrgeizige Frau, die seinen beruflichen Weg bestimmen wollte, hatte dominiert und erst ihre Krankheit und ihr Tod machten einen anderen Lebensweg für Otto von Bismarck frei. Sein Vater schrieb an Ottos älteren Bruder Bernhard aus Berlin:

„Otto hat während seines Hierseins der Mutter sein ganzes Herz aufgeschlossen. Ihr nicht allein gesagt, welchen Ekel er für die ganze Beschäftigung bei der Regierung hätte, dass er dadurch sein Leben ganz überdrüssig wäre und wenn er sich fast sein ganzes Leben gequält hätte, dann würde er vielleicht zuletzt Präsident mit zweitausend Taler Einkommen, von Lebensglück aber wäre nie etwas zu hoffen". „Er hat die Mutter sehr dringend gebeten, ihm eine andere Stellung zu geben, er hat sich erboten, wenn wir noch eine Zuckerfabrik anlegten, nach Magdeburg zu gehen und die Fabrikation praktisch zu erlernen und die Fabrik alsdann in Kniephof zu dirigieren. Da es mir doch sehr nahe geht, dass er sich so unglücklich fühlt und ich mit inniger Freude bei meiner Anwesenheit in Kniephof gesehen, welch großes Interesse die Landwirtschaft für Dich hat und welche guten und richtigen Ideen Du zur Verbesserung der dortigen Güter hast ... so habe ich mich entschlossen, Euch beiden die dortigen Güter als Eigentum zu übergeben und meine Subsistenz nur allein auf Schönhausen zu beschränken".[1]

Damit war für Bismarck der Weg in die väterliche Welt frei, in die Existenz eines unabhängigen Landedelmannes, von der er sich viel versprach. Anfangs bewirtschafteten die Brüder die Güter gemeinsam. Nach dem Tode des Vaters erhielt Otto das Gut Schönhausen. Er begründet noch einmal seine Abneigung gegen die Stelle eines Administrativbeamten im Kreise der Verwandtschaft:

„Der preußische Beamte gleicht dem Einzelnen im Orchester; mag er die erste Violine oder die Triangel spielen: ohne Übersicht und Einfluss auf das Ganze, muss er sein Bruchstück abspielen, wie es ihm gesetzt ist, er mag es für gut oder schlecht halten. Ich will aber Musik machen, wie ich sie für gut erkenne oder gar keine". [2]

Für die Entwicklung seiner weiteren Persönlichkeit wird die Bekanntschaft mit Moritz von Blanckenburg wichtig, der ihn in den Kreis der pommerschen Pietisten einführte. Übrigens hat auch Blanckenburg den Justizdienst aufgegeben, um die väterlichen Güter zu verwalten. Bismarck sollte in diesem Kreise auch seine spätere Frau, Johanna von Puttkamer, kennen lernen. Am 28. Juli 1847 schlossen beide den Bund für das Leben. Es wurde eine glückliche Ehe, von der Hunderte von Briefe zeugen. Sie zeigen, in welchem Maße ihn diese Verbindung innerlich bestimmt, sein Leben Sicherheit und Sinn gegeben hat und wie sehr er sie brauchte, um zu sich selbst zu gelangen, zu Beruhigung und Gleichgewicht, nicht nur einmal, sondern immer wieder. „Du bist mein Anker an der guten Seite des Ufers", so hat er selbst formuliert, „reißt der, so sei Gott meiner Seele gnädig".

■ Beginn der politischen Tätigkeit

In diese Zeit fällt auch der Beginn seiner politischen Tätigkeit als stellvertretender Abgeordneter im preußischen vereinigten Landtag, dem er ab 8. Mai 1847 regulär angehört. Bereits 11 Tage später hält er seine beachtenswerte Rede, freilich weist sie ihn als Konservativen aus. Es ging ausgerechnet um einen Rückblick auf die Befreiungskriege 1813, die er nur als einen Aufstand gegen die napoleonische Fremdherrschaft interpretierte, um den Anspruch liberaler Kreise auf eine neue Verfassung zurückzuweisen. Konservative Gesinnung, sie prägte Bismarcks Verhalten auch während der Revolution 1848/49. Er will am liebsten mit seinen Bauern aus Schönhausen dem in Bedrängnis geratenen König Friedrich Wilhelm IV. zur Hilfe eilen. Am 20. März 1848 kommt es zu einem mysteriösen Treffen mit Augusta, der Schwägerin des Königs. Sie berichtet selber:

„Graf Bismarck-Schönhausen ist in den Märztagen 1848 kurz nach Abreise des Prinzen von Preußen nach England bei seiner Gemahlin im Auftrage des Prinzen Carl erschienen, um die Ermächtigung zu erlangen, sowohl den Namen des abwesenden Thronerben als seines Sohnes zu einer Contra-Revolution zu benutzen, durch welche die bereits vollzogenen Maßregeln des Königs nicht anerkannt und dessen Berechtigung resp. Zurechnungsfähigkeit beanstandet werden sollten". [3]

Augusta hat dieses Bismarcksche Angebot äußerst übel genommen und zeit ihres Lebens aus ihrer Abneigung gegen ihn keinen Hehl gemacht. Er sagte über sie später im Alter, dass sie ihm *„mehr Schwierigkeiten bereitet habe als alle fremden Mächte und die gegnerischen Parteien im eigenen Land".* [4]

Bismarck wirkte sodann an der Vorbereitung und Herausgabe eines zentralen Publikationsorgans der Konservativen, die „Neue Preußische Zeitung" mit, die erstmals Anfang Juli 1848 erschien. Nach dem eisernen Kreuz der Freiheitskriege, das sie in ihrem Titel führte, wurde sie bald nur noch die Kreuzzeitung genannt. Bismarck gehörte zum engsten Mitarbeiterstab dieser Zeitung. Er arbeitete mit dem gleichaltrigen Chefredakteur Hermann Wagner, den er von der Uni her kannte, sehr eng zusammen. Bismarck bestärkte ihn darin, durch Aufnahme von Anzeigen, durch Abdruck von Fremdenlisten und durch den Ausbau des Wirtschaftsteils den Kreis der potenziellen Leser zu vergrößern. Er drängte auf Beschleunigung und Erweiterung der Information mit einem sicheren Blick dafür, dass eine Meinungspresse einen um so größeren Einfluss hat, je unentbehrlicher sie für politische Freunde und Gegner als Informationsträger wird. Bismarck lieferte zudem eine Fülle von Beiträgen, die den Stil der Zeitung maßgeblich beeinflussten.

Nachdem Bismarck 1849 ins preußische Abgeordnetenhaus gewählt war, entschloss er sich, Schönhausen zu verpachten und mit der Familie nach Berlin zu ziehen. Die politische Tätigkeit setzte sich als Abgeordneter des Unions-Parlamentes in Erfurt weiter fort. Hier zeigt sich schon, dass zwar Bismarck in seinen Anschauungen konservativ bleibt, aber einen ausgeprägten Sinn für Realismus hat. Seine Dezember-Rede 1850 macht ihn nicht nur zum außenpolitischen Sprecher der Konservativen, sondern sie öffnet ihn auch die Tür für eine diplomatische Tätigkeit.

Die Revolution 1848/49 hatte die Frage der Herstellung eines deutschen Nationalstaates nicht lösen können. Sie schien in weitere Zukunft gerückt zu sein. Der Vertrag von Ölmütz stellte faktisch den Status quo ante 1815 wieder her.

Neu belebt wurde der Frankfurter Bundestag. Vertreter Preußens in diesem wurde per 8. Mai 1851 Otto von Bismarck. Er hatte eine lange Abschiedsaudienz bei Friedrich-Wilhelm IV. Bei dieser Gelegenheit wurde endgültig festgelegt, dass er nach einer zweimonatigen Einweisungszeit dort den Posten des Gesandten übernehmen sollte. Über die Audienz gibt es folgende Begebenheit: Der König sagte:

„Sie haben viel Mut, lieber Bismarck, dass Sie so ohne weiteres ein Ihnen noch fremdes Amt übernehmen wollen".

„Der Mut ist ganz auf Ihrer Seite Majestät, wenn Sie mir eine solche Stelle anvertrauen", erwiderte Bismarck. "Wenn ich mich ihr nicht gewachsen fühle, so werde ich der Erste sein, meine Abberufung zu erbitten. Ich habe den Mut zu gehorchen, wenn Eure Majestät den Mut haben, zu befehlen".

„Dann wollen wir die Sache in Gottes Namen versuchen", lautete das abschließende Urteil des Königs. [5]

Bismarcks Aufgabe in Frankfurt war es, die Beziehungen zu Österreich im Sinne einer gemeinsamen Allianz gegen die Revolution weiter zu normalisieren und eine Konfrontation zu verhindern. Das hieß nicht, dass er jedem Konflikt aus dem Wege gehen sollte und sich in allem zu fügen hatte. Aber man erwartete von ihm, dass er die Grenzen scharf beachtete und das übergreifende Interesse konservativer Solidarität stets im Auge behielt. Der 1815 entstandene deutsche Bund umfasste nun wieder sämtliche Staaten und Stadtstaaten, die sich zur Erhaltung der äußeren und inneren Sicherheit zusammengeschlossen hatten. Es waren zu Bismarcks Zeiten in Frankfurt 36 statt ursprünglich 41, 32 Flächenstaaten und vier freie Städte. Ziel des Bundes war die Erhaltung des Status quo in rechtlicher, sozialer und machtpolitischer Hinsicht. Natürlich schlug Bismarck Misstrauen entgegen. Was das Verhältnis zu Österreich betraf, schrieb Bismarck 1855 an seinen Dienstherrn, dem preußischen Außenminister Manteuffel, er sei kein prinzipieller Gegner Österreichs, als er vor vier Jahren nach Frankfurt kam. Aber er hätte jeden Tropfen preußischen Blutes verleugnen müssen, wenn er sich eine auch nur mäßige Vorliebe für das Österreich, wie seine gegenwärtigen Machthaber es verstehen, hätte bewahren wollen. Wie das so in der Praxis aussah, dazu folgende Begebenheit: Graf Thun Hohenstein erlaubte sich, als Einziger im Tagungszimmer des Militärausschusses des Frankfurter Bundestages zu rauchen. Als Bismarck als Vertreter Preußens an den gemeinsamen Sitzungen teilnahm, sah er nur ein einziges Mal dem Rauchen des Österreichers zu. Da er nicht die Absicht hatte, den Österreichern besondere Privilegien einzuräumen, begann er in der nächsten Sitzung, ungeniert eine seiner dicken Zigarren zu rauchen. Das nächste Mal zog auch der bayrische Gesandte seine Zigarre hervor, bis schließlich sogar die Nichtraucher in diesem Rauchparlament aus Prestigegründen rauchten.

Während der Frankfurter Zeit zeigte sich immer mehr, dass Bismarcks unkonventioneller Umgang mit geheiligten Dogmen konservativer Prinzipienpolitik, seine wachsende Neigung, Realitäten zur Kenntnis zu nehmen, ohne sie damit schon gutheißen zu wollen, auf das Verhältnis zu den hochkonservativen Kreisen nicht ohne Auswirkungen blieben. Eine Lockerung der Bindungen an sie war die Folge. Wie unkonventionell Bismarck vorgehen konnte – er hat ohne besonderen diplomatischen Auftrag im August 1855 die Weltausstellung in Paris besucht und der dortige preußische Gesandte hatte ihn dem Kaiser Napoleon III. vorgestellt. Dabei kam es zu politischen Gesprächen, die im April 1857 fortgesetzt wurden. Sich dem Bonarpartismus zu nähern, galt in konservativen Kreisen damals als Todsünde. Aber Bismarck glaubte im Herrschaftssystem des Bonarpartismus, einer wohlberechneten Kombination von autoritärer Diktatur mit demokratischen Elementen und gewissen Konzessionen an die sozialökonomische Entwicklung den einzig gangbaren Weg einer erfolgreichen Gegenrevolution zu erkennen. Ein Jahr später gab es einschneidende Veränderungen in Preußen. Am 7. Oktober 1858 hatte Wilhelm I. anstelle seines nervenkranken Bruders Friedrich Wilhelm IV. offiziell die Regentschaft übernommen. Die liberale öffentliche Meinung erwartete von ihm eine neue Politik. Wilhelm I. verhieß in einer programmatischen Ansprache: „In Deutschland muss Preußen moralische Eroberungen machen". Die Liberalen gewannen haushoch die Wahlen zum preußischen Abgeordnetenhaus.

Diese neue politische Lage bot zunächst Bismarcks Ambitionen Halt. Zu den neuen Männern, mit denen sich der Regent umgab, zählte er jedenfalls nicht. Der Einfluss derjenigen, die Bismarcks Karriere bisher trugen, war gebrochen. Er stand nur für sich allein. Die Konservativen hielten ihn für einen Bonarpartisten, den Liberalen war er als Reaktionär verschrien, das liberal-konservative Ministerium sah ihn als einen unbequemen Störenfried, wenn es moralische Eroberungen zu machen galt.

Als Bismarck am 29. Januar 1859 als Bundestagsgesandter abberufen und zum Gesandten in Petersburg ernannt wurde, bedeutete das für ihn eigentlich eine politische Kaltstellung, der er sich jedoch beugen musste. Im Juni 1859 erkrankte er. Zu den Folgen einer vernachlässigten Verletzung des Schienbeins bei der Jagd traten rheumatische Beschwerden auf. Er begab sich in die Heimat, um in deutschen Bädern Genesung zu suchen. Anfang November erlitt er jedoch einen Rückfall, während der ersten Tage hatten ihn die Ärzte wegen einer schweren Lungenentzündung bereits aufgegeben, erst im Frühjahr 1860 war seine Reisefähigkeit wiederhergestellt. Als 1861 Wilhelm I. nach dem Tode Friedrich-Wilhelm IV. König von Preußen wird, ändert sich für Bismarck nichts, woran auch seine Denkschrift über die deutsche Frage nichts ändert. Im März 1861 wird Bismarck aus Petersburg abberufen und am 22. Mai zum Gesandten in Paris ernannt. Jedoch hat sich jetzt die innenpolitische Situation in Preußen einschneidend verändert. Zwischen dem König und dem Parlament kommt es zu einem Heeres- und Verfassungskonflikt. Es war unmöglich, eine Heeresform und den Nachtragshaushalt durchs Parlament zu bekommen, ohne Zugeständnisse an die liberale Mehrheit gemacht zu haben. Aber Wilhelm I. lehnte sie kategorisch am 17. September 1862 ab. Er wollte an den Machtverhältnissen in Staat und Gesellschaft nicht rütteln lassen und war lieber zum Abdanken als zum Nachgeben gewillt. Nun erreichte die innenpolitische Krise in Preußen ihren Höhepunkt. Das Parlament verlangte seinen Anteil an der Macht, das Kabinett brach auseinander, der König resignierte.

■ Ministerpräsident mit schwierigen Aufgaben

Nun ergeht von Kriegsminister Roon an Bismarck folgendes Telegramm: „Periculum in mora. Depechez vous". Auch wenn wir heute dieses Telegramm frei von der Legende zu werten haben, letzte Absicht Roons war es, Bismarck möge sich ja beeilen, nach Berlin zu kommen.

Bereits am 20. September nach 25-stündiger Bahnfahrt traf er in Berlin ein. Ein kurzes Gespräch mit Roon machte ihm deutlich, dass seine Stunde gekommen war. Es gab Konsultationen mit dem Kronprinzen Friedrich. Als es um einen

Audienztermin mit Wilhelm I. ging, ließ dieser verlauten: „Mit Bismarck ist es ja auch nichts, der ist doch schon bei meinem Sohn gewesen". Bismarck aber hat in der entscheidenden Audienz in Babelsberg am 22. September das Ziel gehabt, dem König sofort den Eindruck zu vermitteln, er habe in ihm einen unbedingt ergebenen Gefolgsmann, der bereit sei, sich ohne wenn und aber für seine Person und seine Rechte einzusetzen. Gelang das, dann waren bei der gegenwärtigen Stimmung und Einstellung des Königs alle sachlichen Unterschiede unwichtig.

Dann konnte das persönliche Treuegelöbnis die Festlegung auf ein konkretes Regierungsprogramm ersetzen. Ohne im Gespräch auf Wilhelms Abdankungsabsicht näher einzugehen, erklärte Bismarck, er sei auch unter den gegebenen Umständen bereit, in das Ministerium einzutreten und sich an weiteren Rücktritten nicht zu stoßen. Auf die doppelte Frage des Monarchen, ob er sich in diesem Fall ohne Abstriche für die Heeresreform einsetzen und an dieser selbst gegen Mehrheitsbeschlüsse des Abgeordnetenhauses festhalten werde, habe er ohne weitere Umschweife zweimal mit ja geantwortet. Das war für den Monarchen der Ausdruck unbedingter Loyalität und der bedingungslosen Unterstützung seiner Position. Als es um die Erörterung eines künftigen Regierungsprogramms ging, legte der König ein Papier vor, aber Bismarck gelang es, ihn zu überzeugen, dass es nicht der Augenblick sei, Einzelheiten zu erörtern. Es handle sich nicht um konservativ oder liberal in dieser oder jener Schattierung, sondern um königliches Regiment oder Parlamentsherrschaft. Der König zerriss seinen Programmentwurf und stellte sich auf die Basis jenes Vertrauens- und Loyalitätsverhältnisses besonderer Art, das Bismarck ihm mit den Worten angetragen hatte:

„Ich fühle wie ein kurbrandenburgischer Vasall, der seinen Lehnsherr in Gefahr sieht. Was ich vermag, steht Eurer Majestät zur Verfügung".[6]

Das sollte die entscheidende Grundlage für eine 26-jährige Zusammenarbeit werden, die ihrem wechselseitigen Vertrauensverhältnis und vor allem unter der wechselseitigen Unterordnung, hier unter Einsicht und Willenskraft, dort unter Rang und monarchische Idee in der Geschichte fast ohne Beispiel ist. Als Bismarck den König verließ, da war nicht nur seine Ernennung zum Ministerpräsidenten und Außenminister beschlossene Sache. Er besaß politisch fast völlig freie Hand unter zwei Bedingungen: Er musste die Heeresreform ohne Abstriche durchsetzen und binnen kurzer Zeit sichtbare Erfolge vorweisen können.

Am Tage der Einführung in das Amt lehnte das preußische Abgeordnetenhaus mit 308 gegen 11 Stimmen den geforderten Einzeletat für die Militärverwaltung aus dem Haushalt für 1862 ab. Damit war der Kampf zwischen Parlament und Regierung offen entbrannt. Vor der Budgetkommission des Parlamentes hält Bismarck am 30. September 1862 eine Rede, in der er ausführt:

„Nicht auf Preußens Liberalismus sieht Deutschland, sondern auf seine Macht; Bayern, Württemberg, Baden mögen den Liberalismus indulgieren, darum wird ihnen doch keiner Preußens Rolle anweisen; Preußen muss seine Kraft zusammenfassen und zusammenhalten auf den günstigen Augenblick, der schon eini-

ge Male verpasst ist; Preußens Grenzen nach den Wiener Verträgen sind zu einem gesunden Staatsleben nicht günstig; nicht durch Reden und Majoritätsbeschlüsse werden die großen Fragen der Zeit entschieden – das ist der große Fehler von 1848 und 1849 gewesen – sondern durch Eisen und Blut". [7]

Diese Rede führte zu einem Sturm der Entrüstung in der liberalen öffentlichen Meinung, auch seine politischen Freunde waren nicht begeistert. Auch der König, der sich Anfang Oktober in Baden-Baden in der Gesellschaft seiner Bismarck hassenden Frau Augusta und dem liberalen Großherzog, seinem Schwiegersohn, befand, wurde unsicher. Bismarck hatte das wohl erkannt und deshalb fuhr er dem König bei seiner Rückkehr bis Jüterborg entgegen. Er setzte sich in das dunkle Abteil, in dem der König ganz allein saß und vor sich hinstarrte. Er sah die Möglichkeit einer Revolution, falls Bismarck den Bogen des Zumutbaren überspannen sollte, durchaus voraus. *„Ich sehe ganz genau, wie alles enden wird",* fuhr er Bismarck gereizt an. *„Auf dem Opernplatz unter meinen Fenstern wird man Ihnen den Kopf abschlagen und etwas später mir".*

„Können wir anständiger umkommen?", fragte Bismarck mit stoischer Gelassenheit zurück. *„Ich selbst im Kampfe für die Sache meines Königs, und Eure Majestät, indem Sie Ihre königlichen Rechte vor Gottes Gnaden mit dem eigenen Blut besiegeln".*

Durch den Appell an seine Offiziersehre weckte Bismarck allmählich Wilhelms Kampfgeist. Als der Zug endlich in Berlin einlief, hatte der König den Gedanken an eine Entlassung Bismarcks bereits aufgegeben. [8] Als erste Amtshandlung bestätigte er sogleich die provisorische Ernennung Bismarcks formell. Der Verfassungskonflikt steuerte seinem Höhepunkt entgegen. Denn der vom Abgeordnetenhaus beschlossene Etat, aus dem die Mittel für die Umorganisation der Armee gestrichen waren, wurde vom königstreuen Herrenhaus verworfen und statt dessen der vom Abgeordnetenhaus abgelehnte Entwurf der Regierung beschlossen.

Als das Abgeordnetenhaus daraufhin diesen Beschluss des Herrenhauses für Null und Nichtig erklärt hatte, wurde am 13.10.1862 der Landtag in die Ferien geschickt. Bismarck verkündete das budgetlose Regiment. Dieses Vorgehen rechtfertigte er mit einer sogenannten Lückentheorie. Da die Verfassung keine Festlegung enthielt, was bei Nichtübereinstimmung der gesetzgebenden Kräfte in der Budgetfrage geschehen solle, das Staatsleben aber weitergeführt werden müsse, bleibe nichts übrig, als dass diejenigen welche die Macht besitzen, diese auch gebrauchen. Die Regierung setzte ihre Politik auch ohne Etat fort.

Dieser innenpolitische Kampf sollte noch einige Zeit anhalten. Als das Abgeordnetenhaus im Sommer 1863 eine Abordnung zum König sandte mit einer Resolution, die die Absetzung Bismarcks forderte, weigerte sich der König, diese zu empfangen und wandte sich öffentlich in aller Schärfe gegen das Parlament.

Auch spätere Neuwahlen im Oktober 1863 brachten keine Änderung im parlamentarischen Kräfteverhältnis.

■ Auf dem Weg zur deutschen Einheit

Außenpolitisch hingegen war 1863 die Situation so, dass in russisch Polen ein Aufstand ausbrach. Bismarck stellte sich auf die Seite Russlands, gewährte den Truppen den Durchmarsch, um Aufständische auch in Preußen verfolgen zu können.

Bewegung kam durch die Schleswig-Holstein-Frage. Beide Herzogtümer hatten bei ihrer Verbindung in Personalunion mit dem dänischen Königshaus im 15. Jahrhundert die Zusicherung erhalten, selbstständig und auf ewig ungeteilt zu bleiben.

Seit 1815 gehörte Holstein zum deutschen Bund, während Schleswig außerhalb blieb. 1848 hatten sich die Deutschen in Schleswig und Holstein gegen die dänische Fremdherrschaft erhoben. Das Londoner Protokoll von 1852 hatte die Beibehaltung des Status quo verfügt. Als am 13.10.1863 der dänische Reichsrat eine neue Verfassung annahm, war vorgesehen, Schleswig in Dänemark einzugliedern. Da starb unerwartet der dänische König und sein Nachfolger bestätigte sogleich die neue Verfassung. Ein Sturm der Entrüstung erhob sich. Bismarck brachte ein Bündnis mit Österreich zustande, am 1. Februar 1864 überschritten beide Truppen die Eider. Der Krieg gegen Dänemark hatte begonnen, ohne dass über die Zukunft von Schleswig und Holstein etwas festgelegt worden war. Am 18. April 1864 fand die entscheidende Schlacht statt. Im Wiener Frieden vom 30. Oktober 1864 musste der dänische König allen seinen Rechten auf die Herzogtümer Schleswig, Holstein und Lauenburg zu Gunsten von Österreich und Preußen entsagen. Ein Jahr später folgte die Gasteiner Konvention. Wien erhielt die Verwaltung Holsteins, Preußen die von Schleswig, Lauenburg wurde von Österreich an Preußen verkauft.

Befriedigt über den politischen Erfolg Bismarcks erhob ihn der König in den Grafenstand. Nach Bismarcks Überzeugung war nun ein Entscheidungskampf zwischen Preußen und Österreich um die Vorherrschaft in Deutschland unumgänglich.

Schwierigkeiten in Schleswig und Holstein waren für ihn nur ein Vorwand, um die herangereifte Frage nach der grundsätzlichen Stellung Preußens in Deutschland aufzuwerfen. Am 9. April 1866 stellte Preußen im Bundestag in Frankfurt den Antrag, ein Nationalparlament zu berufen, welches aus allgemeinen und direkten Wahlen hervorgehen und über eine neue Bundesverfassung beraten sollte.

Dieser Vorschlag griff die nationale Stimmung der damaligen Zeit auf. Damit wurde der Boden für eine Auseinandersetzung mit Österreich bereitet.

Der Bundestag in Frankfurt stellt sich im Juni 1866 mehrheitlich auf Seiten Österreichs und es kommt zum preußisch-österreichischen Krieg.

Denn der kurze Krieg zwischen Österreich und Preußen, Mecklenburg hatte sich auf Preußens Seite gestellt, hatte die Frage der Vorherrschaft in Deutschland entschieden. Otto von Bismarck erwies sich nach dem Sieg der Preußen in der Schlacht von Königsgrätz als Realpolitiker. Er drängte auf einen raschen Friedensschluss wegen der Gefahr eines französischen Eingreifens. Da er künftig in Europa das besiegte Österreich als Verbündeten brauchte, wollte er es nicht unnötig demütigen. Heftige Auseinandersetzungen musste er auch mit dem preußischen König Wilhelm I. führen, um einen triumphalen Einzug in Wien, die Einverleibung Sachsens, Teile von Bayern und einen beachtlichen Teil von Österreichisch-Böhmen zu verhindern. Die Wogen gingen sehr hoch. Wilhelm I. drohte mit Abdankung, falls man ihm einen Frieden zumute, den er nicht mit seinem Gewissen annehmen könne. Bismarck setzte seine Pläne schließlich durch. Nach den Bismarckschen Erfolgen wurde der seit seinem Amtsantritt bestehende Verfassungskonflikt mit dem preußischen Parlament beigelegt, der darin bestand, dass ein Haushalt ohne das Parlament in Kraft gesetzt wurde. Die mannigfachen politischen Auseinandersetzungen hatten aber Bismarcks Gesundheit mächtig angegriffen. Da machte sich ein Erholungsurlaub dringend erforderlich.

■ Ein Grundgesetz auf Rügen

Den verlebte er von September bis Dezember 1866 in Putbus auf Rügen, als Gast des Fürsten zu Putbus. Seine Frau Johanna berichtet in einem Brief vom 2. Oktober 1866 an Herrn von Keudell :

„ Wenn wir gesund wären, könnte es ein paradiesisches Dasein geben, ganz wie wir es uns geträumt, aber in dieser Sorge, in dieser Herzensangst, im Anschauen des geliebten Bismarcks, der so blass, so matt, so traurig daliegt, für den man alles tun möchte, um ihn zu helfen, und der doch trotz allem Pflegen und Sorgen und Beten so jämmerlich aussieht wie seit 1859 nicht: ach das ist so traurig, dass man stundenlang weinen möchte“.[9]

Bismarck war sehr matt, die meiste Zeit musste er liegen. Seine Nächte waren sehr schmerzhaft. Es hat einige Wochen gedauert, bis sich Bismarcks Befinden langsam soweit besserte, dass er wieder politisch tätig werden konnte. Ausgedehnte Spaziergänge an der Ostsee bei jedem Wetter hatten ihren Teil bewirkt und den gesunden Appetit wiedergebracht. In zwei Diktaten vom 30. Oktober und vom 19. November 1866 entwarf er in Putbus die Grundzüge für die neue Verfassung des Deutschen Reiches. Sie sollte in ihrem Kern die bis 1918 gültige Verfassung des Deutschen Kaiserreiches werden.

Da die Arbeiten an der Verfassung nicht so gediehen, wie er es sich wünschte, griff er selbst ein und saß nächtelang über dem Entwurf und änderte hier und da. Am 7. Dezember teilte er mit, dass er selbst einen neuen Entwurf zusammenstellen will. Nachdem er das bewerkstelligt hatte, ging es zügig voran. Damit endet dann der Urlaub auf Rügen, denn am 14. Dezember ist Bismarck in Berlin beim König zum Vortrag. Am 15. Dezember 1866 lag der Entwurf der Verfassung des Norddeutschen Bundes vor. Er war föderalistisch aus formell souveränen Bundesstaaten zusammengesetzt. Im Bundesrat sollte der Gesamtwille der verbündeten Monarchen und Regierungen Ausdruck finden, Preußen hatte als Inhaber des Bundespräsidiums eine Vormachtstellung. Dem Bundesrat stand der Reichstag gegenüber, der aus freien, allgemeinen, gleichen und direkten Wahlen hervorgehen sollte. Am 24. Februar 1867 tritt der verfassungsgebende Norddeutsche Reichstag zusammen. Nach knapp zwei Monaten dauernden Beratungen wird die Verfassung angenommen. Sie tritt am 1. Juli 1867 in Kraft. Bismarck wird Reichskanzler des Norddeutschen Bundes. So ist eine Etappe auf dem Wege zur Herstellung der Einheit abgeschlossen. Im gleichen Jahr gibt es eine Krise um das Großherzogtum Luxemburg mit Frankreich. Es wird immer deutlicher, dass die Einheit nur infolge einer Auseinandersetzung mit Frankreich zu erreichen ist. Entscheidend für den weiteren Weg zur Einheit wird das Jahr 1870. Im Zuge einer Revolution in Spanien war vier Jahre lang der Thron vakant. Nun soll er wieder besetzt werden. Mit Wissen und auf Betreiben Bismarcks wird die Kandidatur eines Hohenzollern ins Spiel gebracht. Jedoch dringt sie zu früh in die Öffentlichkeit.

Frankreich fühlt sich dadurch bedroht. Da kommt es in Bad Ems zu Gesprächen des französischen Gesandten mit König Wilhelm. Aber nicht genug, dass Hohenzollern-Sigmaringen die spanische Kandidatur zurückzieht, nun soll der Monarch für alle Zukunft darauf verzichten und sich förmlich entschuldigen. Napoleon III. hat damit den Bogen überspannt. Durch die Nachgiebigkeit des preußischen Königs hatte Bismarck bereits die Felle davon schwimmen sehen. Aber da kommen die Nachrichten aus Bad Ems nach Berlin, wo Bismarck, Roon und Moltke zusammensitzen. Aufgrund einer gekonnten Streichung von zwei Sätzen durch Bismarck geht die Emser Depesche an die Öffentlichkeit und Frankreich erklärt in Reaktion darauf Preußen den Krieg. Die erste Etappe endet bereits Anfang September mit der Kapitulation Napoleons III., seinem Sturz und seiner Gefangennahme. Hier hätte mit der französischen Republik ein schneller Frieden gemacht werden können, wäre nicht das Bestreben gewesen, Elsaß und Teile von Lothringen zu annektieren. Es sollte sich als schwerwiegender Fehler erweisen, dass keine Volksabstimmung in diesen Gebieten stattfand.

Im Herbst 1870 laufen mit den süddeutschen Ländern die Verhandlungen über den Beitritt zum Norddeutschen Bund. Am 1. Januar 1871 trat die Verfassung des deutschen Reiches in Kraft und am 18. Januar erfolgte die Kaiserproklamation in Versailles. Hier hatt es zwischen Bismarck und Wilhelm I. noch einen handfesten Krach gegeben. Bismarck hatte in den Verhandlungen mit den Ländern den Titel deutscher Kaiser in die Verfassung aufnehmen lassen, aber Wilhelm I. wollte Kaiser von Deutschland sein. Der Großherzog von Baden brachte dann das fällige Hoch weder auf den „deutschen Kaiser" noch auf den „Kaiser von Deutschland" aus, sondern ließ Kaiser Wilhelm hochleben. Das brachte Wilhelm so in Zorn, dass er Bismarck weder eines Blickes noch Händedruckes an diesem Tage in Versailles würdigte. Bismarck schrieb drei Tage später seiner Frau:

„Ich habe dir schrecklich lange nicht geschrieben, verzeih, aber diese Kaisergeburt war eine schwere und Könige haben in solchen Zeiten ihre wunderli-

*chen Gelüste, wie Frauen, bevor sie der Welt hergeben, was sie doch nicht
behalten können. Ich hatte als Accoucheur (Geburtshelfer) mehrmals das dringende Bedürfnis eine Bombe zu sein und zu platzen, dass der ganze Bau in
Trümmer gegangen wäre".*[10]

Doch legt sich die Verstimmung zwischen Kaiser und Kanzler wieder. Bismarck wird am 21. März in den Fürstenstand erhoben und erhält im Juni Friedrichsruh bei Hamburg.

■ Bilanz einer Kanzlerschaft

Bis 1890 blieb Bismarck Reichskanzler und preußischer Ministerpräsident. Ab
1880 kam noch das Handelsministerium hinzu.

Was hat sich in jenen Jahren innen- und außenpolitisch ereignet?

Außenpolitisch gelang Bismarck die Schaffung eines Gleichgewichtes in Europa. Bereits 1873 kam es zum Dreikaiserabkommen zwischen Deutschland, Österreich und Russland. Es enthielt die wechselseitige Zusicherung der Monarchen, den gegenwärtig in Europa herrschenden Friedenszustand zu festigen und
sich dabei des Mittels der direkten und persönlichen Verständigung zwischen den
Souveränen zu bedienen sowie vor allem auf dem Gebiete der Grundsätze zu-
sammenstehen. Immerhin trug dieses Bündnis dazu bei, eine drohende kriegeri-
sche Auseinandersetzung mit Frankreich 1875 zu verhindern. Nicht erst heute
erhitzt die Balkanfrage die Gemüter, das war vor 120 Jahren nicht anders. Anders
als die anderen europäischen Großmächte hatte Deutschland dort unmittelbar
nichts zu gewinnen. Aber nach der erneuten Zuspitzung ausgelöst durch den rus-
sisch-türkischen Krieg 1877/78 bekam die deutsche Politik sozusagen aus der
Hinterhand des weitgehend unbeteiligten Dritten heraus die Möglichkeit, auf die
Gewichtsverteilung zwischen den europäischen Mächten Einfluss zu nehmen.
Außerdem erhielt sie dadurch die Chance, das bestehende Misstrauen gegen das
Reich und gegen den verantwortlichen Leiter seiner Außenpolitik abgeleitet. Für
Bismarck stand im Mittelpunkt:

*„Die Frage, ob wir über die orientalischen Wirren mit England, mehr noch mit
Österreich, am meisten aber mit Russland in dauernde Verstimmung geraten,
ist für Deutschlands Zukunft unendlich viel wichtiger als alle Verhältnisse der
Türkei zu ihren Untertanen und zu den europäischen Mächten",* [11]

Überall ließ der Kanzler verlauten, dass Deutschland sehr daran liegt, einen
Ausgleich zu finden und einen kriegerischen Konflikt zu verhindern. Er sah sich
in der Rolle des ehrlichen Maklers, die er auf dem Berliner Kongress 1878 unter
Beweis stellte. Weitere Verträge, ein Dreibund zwischen Österreich-Deutschland
und Italien folgten. 1887 folgte der so genannte Rückversicherungsvertrag mit
Russland. Er beinhaltete eine Neutralität beider Staaten im Falle eines Konfliktes

mit einem dritten. Er verhinderte eine Annährung Russlands an Frankreich. Das alles zeugt von Bismarcks Bemühen ein Gleichgewicht der Mächte in Europa zu halten, das dafür Sorge trug, eine längere Zeit den Frieden in Mitteleuropa zu erhalten.

Betrachtet man die Innenpolitik Bismarcks während seiner Kanzlerschaft, dann fallen hier ganz besonders die Gegensätze auf. Die eine Seite ist sein Kampf gegen die katholische Kirche, der schon gleich nach der Reichsgründung einsetzte. Mitauslöser war das 1. Vatikanische Konzil, das die Unfehlbarkeit des Papstes festlegte. Was einzig und allein blieb als Ergebnis der Auseinandersetzung war die Einführung der Zivilehe. Ebenso zu den politischen Missgriffen Bismarcks zählt das 1878 erlassene Sozialistengesetz. Unmittelbarer Anlass war ein gescheiterter Attentatsversuch auf den damals 80-jährigen Kaiser Wilhelm. Freilich lehnte der Reichstag dieses Gesetz zunächst ab. Dann aber folgte wenige Wochen später ein erneutes Attentat auf den Kaiser, der dabei erheblich verletzt wurde. Das sah Bismarck als seine Chance den Reichstag aufzulösen und durch die Neuwahlen sicherte er sich eine Mehrheit für dieses Gesetz. Die Attentäter hatten aber in keiner Weise mit der Sozialdemokratie zu tun. Am 22. Oktober 1878 trat das Gesetz gegen die gemeingefährlichen Bestrebungen der Sozialdemokratie in Kraft.

Deren Organisationen und deren Presse wurden verboten, Personen, von denen eine Gefährdung der öffentlichen Ordnung ausgeht, konnten ausgewiesen werden. Jeder, der unter dem Verdacht der Sympathie mit der Sozialdemokratie stand, konnte aus Deutschland ausgewiesen werden. Über Bezirke konnte der kleine Belagerungszustand verhängt werden. Jedoch wurde die Sozialdemokratische Partei nicht von der Teilnahme an den Reichstagswahlen ausgeschlossen. Dieses Sozialistengesetz blieb bis 1890 in Kraft.

Die andere Seite Bismarcks, das ist die von ihm eingeleitete Sozialgesetzgebung für die Arbeiterschaft. So wurden die Rentenversicherung und die Krankenversicherung für alle eingeführt.

Eingeleitet wurde dieses mit einer kaiserlichen Botschaft an den Reichstag am 17. November 1881. Darin heißt es:

„Schon im Februar diesen Jahres haben Wir unsere Überzeugung aussprechen lassen, dass die Heilung der sozialen Schäden nicht ausschließlich im Wege der Regression sozialdemokratischer Ausschreitungen, sondern gleichmäßig auf dem der positiven Förderung des Wohles der Arbeiter zu suchen sein werde. In diesem Sinne wird zunächst der ...vorgelegte Entwurf eines Gesetzes über die Versicherung der Arbeiter gegen Betriebsunfälle... einer Umarbeitung unterzogen, um die erneute Beratung desselben vorzubereiten. Ergänzend wird ihm eine Vorlage zur Seite treten, welche sich eine gleichmäßige Organisation des gewerblichen Krankenkassenwesens zur Aufgabe stellt. Aber auch diejenigen, welche durch Alter oder Invalidität erwerbsunfähig werden, haben der Gesamtheit gegenüber einen begründeten Anspruch auf ein höheres Maß staatlicher Fürsorge, als ihnen bisher hat zuteil werden können".[12]

Diese Worte hatte Bismarck dem Kaiser in den Mund gelegt. So kamen in der Folgezeit 1883 die Einrichtung der Krankenversicherung, 1884 die Unfallversicherung und 1889 die Alters- und Invalidenversicherung. Zu jener Zeit waren sie übrigens die besten auf der ganzen Welt. Zwar gingen Bismarcks Pläne noch weiter, doch fand er dafür weder im Reich noch in Preußen eine parlamentarische Mehrheit, die die erforderlichen Kosten dafür zu bewilligen bereit gewesen wäre. 1888 wird für Deutschland das Dreikaiserjahr. Am 9. März stirbt 90-jährig Kaiser Wilhelm I. Ihm folgt der bereits todkranke Sohn Kaiser Friedrich III. mit 99 Tagen Regierung, der am 15. Juni stirbt. Nun übernimmt der 28-jährige Wilhelm II. den Kaiserthron. Anfänglich arbeitet Bismarck auch mit ihm gut zusammen, doch bald kommen Konflikte auf. Der erste ist ein Bergarbeiterstreik im Ruhrgebiet, auf dem der Kaiser und der Kanzler unterschiedlich reagieren. Dann aber am 24. Januar 1890 geschieht im Kronrat ein offener Zusammenstoß Bismarcks mit dem Kaiser wegen der Zukunft des Sozialistengesetzes und der Arbeiterschutzfrage. Einen Tag später lehnt der Reichstag die weitere Verlängerung des Sozialistengesetzes ab. Am 4. Februar 1890 werden die kaiserlichen Erlasse über den Arbeiterschutz ohne die Gegenzeichnung von Bismarck veröffentlicht. Am 15. März kommt es zum endgültigen Bruch zwischen Kaiser und Kanzler, letzterer wird am 20. März aus allen seinen Ämtern entlassen. Viel Literatur ist über die Entlassung des Kanzlers geschrieben worden. Aber Wilhelm II. selbst äußert sich 1922, vier Jahre nach seiner Abdankung, in seinem Buch "Ereignisse und Gestalten aus den Jahren 1878 –1918" folgendermaßen über den ausschlaggebenden Grund für die Entlassung Bismarcks:

„Der Gegensatz der Anschauungen des Kaisers und des Kanzlers über die soziale Frage, d.h. die Förderung des Wohles der Arbeiterbevölkerung unter Anteilnahme des Staates, ist der eigentliche Grund zum Bruche zwischen uns gewesen und hat mir die Feindschaft Bismarcks und damit die eines großen Teiles des ihm ergebenen deutschen Volkes und besonders des Beamtentums auf Jahre hinaus eingetragen. Dieser Gegensatz zwischen dem Kanzler und mir entstand durch seine Meinung, dass die soziale Frage mit scharfen Maßregeln und eventuell mit der Truppe gelöst werden könne, nicht aber mit Grundsätzen allgemeiner Menschenliebe oder Humanitätsduselei, die er bei mir annehmen zu müssen glaubte.

Bismarck war – das möchte ich betonen – nicht etwa arbeiterfeindlich. Im Gegenteil! Er war ein viel zu großer Staatsmann, um die Wichtigkeit der Arbeiterfrage für den Staat zu verkennen. Er fasste diese Angelegenheit aber rein vom staatlichen Zweckmäßigkeitsstandpunkte auf. Der Staat sollte für die Arbeiter sorgen, soweit und wie dies der Regierung gut schien. Von einer Mitwirkung der Arbeiter bei diesem Werke war kaum die Rede.

Verhetzungen und Auflehnungen sollten scharf, nötigenfalls mit Waffengewalt, unterdrückt werden. Fürsorge auf der einen, die Panzerfaust auf der anderen Seite, das war die Bismarcksche Sozialpolitik".[13]

Ein Verhängnis war, dass nach Bismarcks Entlassung die Nachfolger nichts unternahmen, um die von Bismarck hinterlassene außenpolitische Balance für Deutschland zu erhalten. Das hat letztendlich zur Blockbildung in Europa beigetragen, die zum 1. Weltkrieg führen sollte. Bismarck verbrachte die letzten acht Jahre seines Lebens in Friedrichsruh. Dort entstanden seine dreibändigen Gedanken und Erinnerungen. Er betrachtete die weitere Entwicklung des Kaiserreiches nach dem Ausscheiden aus seinem Amte mit Sorge. Er äußerte einmal, er möchte 20 Jahre nach seinem Tode noch mal aufstehen und sehen, was daraus geworden ist. Am 30. Juli 1898 starb er.

■ Anregungen für die Diskussion

Da ist einmal das Geschichtsbild über Bismarck, das in den vergangenen 100 Jahren mancherlei Wandlungen unterzogen war: Der Reichstag lehnte 1895 mehrheitlich eine Gratulation zu seinem 80. Geburtstag ab! Im Ersten Weltkrieg Glorifizierung, in der Weimarer Republik eine realistische Auffassung (beispielsweise eine Rede Gustav Stresemanns), Missbrauch durch die Nationalsozialisten, anfängliche Verteufelung durch die SED, später eine realistischere Haltung.

Höchst interessant stellt sich Bismarcks Außenpolitik dar. Das außenpolitische Handeln der großen Mächte verstand er als autonomes Agieren aufgrund von Primärinteressen, die sich aus sozialen Strukturen, geografischer Lage, wirtschaftlicher Kraft und geschichtlichen Erfahrungen beziehungsweise Traditionen ergaben.

Er war fest davon überzeugt, dass sich über die Primärinteressen keine Gruppe oder politische Richtung würde auf Dauer hinwegsetzen können.

Sie mussten daher langfristig in jedes außenpolitische Kalkül einbezogen werden. Wenn man einen Blick auf die nationale Sicherheitsstrategie der Clinton-Administration zur Beschreibung der globalen Interessenlage der USA 1994 und 1995, dann fällt die außerordentliche Nähe zu Bismarcks entsprechendem Denkansatz auf. Sozialistengesetz auf der einen Seite – auf der anderen Seite Beginn des Sozialstaates – wie steht es heute mit der PDS und Forderungen nach dem Abbau des Sozialstaates?

Zeittafel Otto von Bismarck

1815	Am *1. April* in Schönhausen geboren
1822-1832	Schulzeit in Berlin
1832-1835	Jura-Studium in Göttingen und Berlin
1836	Prüfung und Anstellung als Regierungsreferendar in Aachen
1839-1846	Gutsherr auf Kniephof
1846	Übersiedlung nach Schönhausen, Wahl zum stellvertretenden Abgeordneten im sächsischen Provinziallandtag
1847	Eintritt in den Vereinten Preußischen Landtag *28. Juli:* Vermählung mit Johanna von Puttkamer
1849	Wahl in die Zweite Kammer des preußischen Landtages, Bismarck siedelt nach Berlin um.
1851	Bundestagsgesandter Preußens in Frankfurt/Main
1854	Berufung ins Preußische Herrenhaus
1859	Abberufung aus Frankfurt und Berufung zum Gesandten in St. Petersburg
1861	Wilhelm I. (1797-1888) wird preußischer König.
1862	Abberufung aus Petersburg, Gesandter in Paris; Bismarck wird am *8. Oktober* zum preußischen Ministerpräsidenten und Außenminister ernannt.
1864	Preußisch-Österreichischer Krieg gegen Dänemark
1865	Erhebung Bismarcks in den Grafenstand
1866	*7. Mai:* Attentat auf Bismarck; Preußisch-Österreichischer Krieg
1867	Verfassung des Norddeutschen Bundes angenommen (Entwurf entstand auf Rügen!), Bismarck wird Kanzler.
1870/1871	Deutsch-Französischer Krieg
1871	*18. Januar:* Ausrufung des deutschen Kaiserreiches in Versailles
1874	*13. Juli:* Attentat auf Bismarck
1878	*11. Mai* und *2. Juni:* Attentate auf Kaiser Wilhelm I. Sozialistengesetz und Berliner Konferenz wegen dem Balkan
1881	Dreikaiserbündnis Deutschland, Österreich und Rußland
1887	Rückversicherungsvertrag mit Rußland
1888	Drei-Kaiserjahr in Deutschland: *9. März* Tod Wilhelm I.; 99-Tage-Kaiser Friedrich III (✝ *15. Juni*), Wilhelm II. wird deutscher Kaiser (bis 1918)
1890	*20. März:* Bismarck wird aus allen Staatsämtern entlassen, er lebt in Friedrichsruh (Sachsenwald) bei Hamburg.
1894	Formelle Aussöhnung zwischen Kaiser Wilhelm II. und Bismarck
1898	*30. Juli:* Bismarck stirbt in Friedrichsruh

Quellennachweis

1 *Klein, Tim*: Der Kanzler Otto von Bismarck in seinen Briefen, Reden und Erinnerungen sowie in Berichten und Anekdoten seiner Zeit mit geschichtlichen Verbindungen. Wilhelm Langewische. Bank Ebenhausen bei München, Seite 37

2 *Gall, Lothar*: Bismarck: Der weiße Revolutionär Ullstein Berlin 1997, Seite 47

3 ebenda Seite 77

4 ebenda Seite 77

5 *Klein, Tim*, wie Fn. 1, Seite 102

6 *Gall, Lothar*, wie Fn. 2, Seite 283

7 *Klein, Tim*, wie Fn. 1, Seiten 151/152

8 *Klein, Tim*, wie Fn. 1, Seiten 154-156

9 *Klein, Tim*, wie Fn. 1, Seite 203

10 *Wolter, Heinz (Hrsg.)*: Otto von Bismarck Dokumente seines Lebens, Verlag Philipp Reclam Leipzig 1986, Seite 265

11 *Lothar Gall*, wie Fn. 2, Seite 593

12 *Peter, Karl Heinrich (Hrsg.)*: Proklamationen und Manifeste. Cotta Verlag Stuttgart 1964, Seite 289

13 Wilhelm II: Ereignisse und Gestalten 1878 – 1918. Koehler Verlag, Leipzig/Berlin 1922, Seite 32 f.

Gustav Stresemann
1878 - 1929

Träume und Kämpfe für ein neues Europa

„Träume und Kämpfe für ein neues Europa" ist das Thema der Ausführungen. Über 100 Jahre sind vergangen, seitdem erstmals in Oslo der Friedensnobelpreis verliehen wurde (1901).

Im Laufe der 100 Jahre ist dieser Preis an viele bedeutende Staatsmänner und Organisationen verliehen worden. Doch nur vier Deutschen ist diese hohe Auszeichnung bisher zuerkannt worden. Willy Brandt, Carl von Ossiezky, Ludwig Quidde und Gustav Stresemann.

Am 10. Dezember 1926 gab das Nobelpreiskomitee in Oslo bekannt, dass für jenes Jahr der deutsche Außenminister Gustav Stresemann und sein französischer Amtskollege Aristide Briand diese Auszeichnung erhalten.

Wer weiß heute noch etwas mit dem Namen Gustav Stresemann anzufangen? Da ist lediglich der sogenannte Stresemannanzug übrig geblieben.

Darum freue ich mich ganz besonders, Ihnen Stresemann ein wenig näher zu bringen. Ich habe mich bemüht, dabei viel Quellenmaterial zu berücksichtigen.

■ Kindheit und Jugend

Geboren wurde er am 10. Mai 1878 in Berlin. Sein Vater war Bierwirt in der Köpenicker Straße. Als jüngster Sohn der Familie wurde er für das akademische Studium bestimmt, das dem tüchtigen zu einigem Wohlstand arrivierten Bürgertum als das Sinnbild eines sozialen Aufstieges galt. Stresemann studierte Nationalökonomie wie sollte es anders sein, in Berlin.

Und schon als 21-Jähriger erregt er Aufsehen. Auf dem Friedhof der Märzgefallenen fand die Fünfzigjahrfeier für die Opfer der abgewürgten bürgerlichen Revolution 1848/49 statt. Die Polizei wurde schleunigst gerufen, um das Volk zu zerstreuen, das durch die Ehrung eines Aufruhrs gegen die bestehende Ordnung protestierte. Aber als die Vertreter der Staatsgewalt in den von blasser Märzsonne beschienene Friedhof drangen, blieben sie verdutzt vor einer Gruppe Studenten stehen, die sich in bunten Mützen, die Farben ihrer Verbindung über die Brust gespannt, um ihren Anführer scharte.

Es war ein etwas stubenblasser Jüngling mit rötlichem Haar, das steil von der geräumigen Stirn aufstieg, mit glashellen, blauen Augen und einem blonden, kleinem Haarbürstchen unter der knolligen Nase, die in dem schmalen Knabengesicht herausfordernd hervorschoss. Er sah mit der stolzen Gefasstheit einer zum Märtyrertum bereiten Jugend die Polizisten anmarschieren. Seine Hände hielten krampfhaft den Kranz mit den schwarz-rot-goldenen Schleifen umklammert.

Im kaiserlichen Deutschland jedoch war der Respekt vor den Akademikern so groß, dass der den Gesetzeshütern in den Arm fiel.

So zogen die Polizisten nach Erteilung eines strengen Verweises ab. Dieser junge Mann, Gustav Stresemann, war selbst kein Revolutionär. Die ungewöhnliche Geste war bei ihm viel eher auf literarische Reminiszenzen zurückzuführen, denn als politische Protestaktion gedacht. Er war eben ein Romantiker auf der einen Seite und andererseits ein Kämpfer. Beides zusammen vereinigte sich in seiner Natur.

■ Geschäftsführer des Industriellenverbandes in Dresden

Nach seiner Promovierung kam er 1901 nach Dresden. Dort übernahm er den Posten des Geschäftsführers im Verband sächsischer Schokoladenfabrikanten. Die Schokoladenindustrie krankte damals an der Wahrung des Individualbetriebes der Besitzer, die davor zurückschreckten, sich zu größeren Unternehmen zusammenzuschließen, damit sie besser wirtschaftlich überleben können. Stresemann bearbeitete einzeln jeden Industriellen. Er suchte bei ihm das eigene Interesse klar zu machen, hieb mit der ihm eigenen Zähigkeit immer wieder in dieselbe Kerbe hinein bis man sich der unwiderstehlichen Überzeugungsgabe des jungen Doktors nicht entziehen konnte und seufzend die eigenen Prinzipien aufgab. Der Zusammen- schluss zweier Ortsgruppen wurde zum Kern des Verbandes sächsischer Industrieller, der aus einer kleinen bedeutungslosen Vereinigung zu einer weitumfassende Organisation wurde. Zwei Jahre genügten dem Neuling Stresemann, den Verband von 180 auf 1.000 Mitglieder zu bringen.Stresemann bemüht sich für den Verband um den Ausbau der Beziehungen zur Presse, bessere Kontakte mit dem Parlament und um die Beeinflussung der öffentlichen Meinung. Er wollte, dass der Industriellenverband in der Ständekammer vertreten war.

■ Der Weg in die Politik

Die Brücke, die er selbst zwischen Wirtschaft und Politik gebaut hat, führt ihn selbst in die Politik hinein. Zuerst tritt er der nationalsozialen Partei von Friedrich Naumann bei, trennt sich aber rasch von ihr und wechselt 1903 zur Nationalliberalen Partei. Schon 1906 gehört er dem Stadtparlament von Dresden als Abgeordneter an. Dort stimmt er für die Aufnahme der SPD Vertreter in die Ausschüsse. Damit ruft er eine solche Empörung hervor, dass nach einem Empfang am sächsischen Hof ein konservativer Journalist ruft: „Stresemann reicht dem König dieselbe Hand, mit der er vorher für die Aufnahme sozialdemokratischer Stadtverordnete gestimmt hat". Im gleichen Jahr hat er seinen ersten öffentlichen Auftritt auf dem Goslarer Parteitag der Nationalliberalen. Er agiert dort als junger Rebell. Die Partei sei zu gouvernemental, wirft er ihr vor, sie verstehe nicht die Massen zu gewinnen und in erster Linie fehle ihr der Hunger zur Macht.
Bereits ein Jahr später gehörte er dem Deutschen Reichstag als jüngster Abgeordneter an. Gewählt wurde er im Kreis Annaberg, einem der armen Wahlkreise

des Erzgebirges. Er brachte als Abgeordneter Eigenschaften mit, die ihn dazu prädestinierten, im Reichstag, der damals noch eine unvollkommene Form der Volksvertretung war, eine hervorragende Rolle zu spielen. Da ist seine rhetorische Begabung zu nennen, und die Geschicklichkeit, Menschen zu beeinflussen.

Was stand damals im Parteiprogramm der Nationalliberalen? Völlige Übereinstimmung mit der imperialistischen Außenpolitik des Deutschen Kaiserreiches. „Unverbrüchliche Treue zu Kaiser und Reich! Das Vaterland über die Partei, das allgemeine Wohl über allen Sonderinteressen...Pflichtbewußtsein und rechtzeitige Opferwilligkeit, wo die Macht und das Ansehen des Reiches noch außer Frage stehen. Aufrechterhaltung der Wehrkraft der Nation, insbesondere auch eine achtungsgebietende Flotte zum Schutze des Landes und der überseeischen deutschen Interessen".

Zielbewusste Fortführung der Kolonialpolitik, sozialpolitisch wollten die Nationalliberalen die weitere besondere Fortführung der Fürsorge für die schutzbedürftigen schwächeren Glieder des erwerbstätigen Volkes. Für Landwirtschaft, Kleingewerbe und Handwerk forderten sie staatliche Maßnahmen und Subventionen. Sehr ausführlich war ein Abschnitt über den Arbeiterstand im besonderen. Forderungen nach dem Ausbau der Gewerbeaufsicht, einer umfassenden Reform der gesamten Arbeiterversicherung im Sinne einer Vereinheitlichung, Ausweitung der Arbeiterschutzgesetzgebung, Schutz weiblicher und jugendlicher Arbeit vor Nachtarbeit und Ausbeutung, billige Wohnungen für Unterbeamte und Arbeiter sowie das Bekenntnis zur Aufrechterhaltung des Koalitionsrechtes.[1]

Diese Programmatik lässt unschwer erkennen, wie sich die Nationalliberalen dann wie die anderen Parteien dann auch 1914 zum Ausbruch des Ersten Weltkrieges stellen. Und es werden vom Alldeutschen Verband, der mit den Nationalliberalen seit Jahrzehnten politische verbunden ist, Kriegsziele erhoben: Sie fordern, dass Deutschland in Europa direkte Annexionen vornimmt. Sie fordern die Annexion Nordfrankreichs und Belgiens und erwarteten, dass der Krieg mit der Zerschlagung des englischen Weltreiches enden würde.

Auch Stresemann unterstützte diese Forderungen. Bis 1916 hatte die deutsche Heeresführung gewisse militärische Erfolge erzielt. Und auch der ab 1917 geführte uneingeschränkte U-Bootkrieg wurde von ihm gutgeheißen in dem Glauben, dass damit das kaiserliche Deutschland den Sieg erringen würde.

1917 übernimmt Stresemann den Vorsitz der Nationalliberalen Partei. Aber spätestens seit Frühjahr 1918 war klar, dass Deutschland militärisch nicht den Weltkrieg gewinnen kann. Und dann im November 1918 musste der Kaiser abdanken und nach den Niederlanden fliehen.

Eine rein sozialistische Regierung des Rates der Volksbeauftragten mit Friedrich Ebert übernahm die Regierungsverantwortung. Am 11. November 1918 wurde der Waffenstillstand unterzeichnet.

Die Gründung der Deutschen Volkspartei

Bald zeichnete sich ab, dass über die Zukunft Deutschlands eine verfassungsgebende Nationalversammlung entscheiden wird. Die bürgerlichen Parteien begannen sich neu zu formieren. Es wäre wünschenswert gewesen, wenn sich alle Liberalen, sowohl die Linksliberalen als auch die Nationalliberalen, zu einer Partei zusammengefunden hätten. Diese Bestrebungen zur Schaffung einer einheitlichen liberalen Partei waren durchaus vorhanden.

Es zeigte sich jedoch bald, dass die Gegensätze zwischen den linksliberalen und den nationalliberalen Kräften nach wie vor unüberbrückbar erscheinen. Zwischen Theodor Wolff einerseits, dem Initiator des Gründungsaufrufs für eine neue liberale Partei und Chefredakteur des großbürgerlichen liberalen Berliner Tageblattes, der im ersten Weltkrieg gegen Annexionen aufgetreten war, und Stresemann andererseits, ein erbitterter Vertreter eines annexionistischen Siegfriedens, lagen politische Welten. Theodor Wolff, der designierte Führer der neuen liberalen Partei, verkündete an die Adresse Stresemanns gerichtet, dass sich die neue Partei nicht mit alten Männern belasten wolle.

Stresemann hatte sich in seinen Augen als Annektionspolitiker diskreditiert. Ohne Stresemann vollzog sich im November 1918 die Gründung der Deutschen Demokratischen Partei. Er wurde vollends dadurch isoliert, dass auch der zweite Vorsitzende der Nationalliberalen zur DDP überwechselte.

Stresemann berief den alten Vorstand der Nationalliberalen zu einer Sitzung am 15. Dezember 1918 zusammen. Von den 261 Mitgliedern kamen lediglich 61. Mit 33:28 Stimmen beschloss er, die Partei als Deutsche Volkspartei weiterzuführen. An der Wende der deutschen Geschichte, wurde die starke dynamische Kraft Stresemanns, die vielleicht das Zerbröckeln der DDP verhindert hätte und seine Fähigkeit zum völligen Umdenken unterschätzt.

Stresemanns Anschluss an die neue Zeit ist durch diese Abwehr, in die er gedrängt wurde, auf Jahre hinaus verzögert worden. Durch äußere Umstände, durch die Kluft die die Neuen und die Gestrigen zwischen sich zogen, sah er sich in die alte Position zurückgetrieben, die er innerlich eigentlich noch nicht aufgegeben hatte. Am 19. Januar 1919 fanden die Wahlen zur verfassungsgebenden Nationalversammlung statt. Die nachrevolutionäre Stimmung im Land beeinträchtigte die weitere Entwicklung dieser Partei sehr, so dass sie nur 4,4 % der Stimmen und 19 von 425 Sitzen in der Nationalversammlung erhielt. Damit war sie die kleinste Fraktion im Parlament, das sich in Weimar konstituierte.

Die DVP fand sich zusammen mit den Unabhängigen Sozialdemokraten und den Deutschnationalen auf den Oppositionsbänken wieder. Ihre Positionen glichen denen der Deutschnationalen. Wie diese stimmten sie gegen den Versailler Friedensvertrag und gegen die Annahme der demokratischen Weimarer Verfassung und gegen die Wahl des Sozialdemokraten Friedrich Ebert zum ersten Reichspräsidenten. Im März 1920 waren zumindestens einige Mitglieder der DVP in die Pläne des Wolfgang Kapp zum Putsch eingeweiht, ohne jedoch sie zu unterstützen. Das war ein Versuch, die junge Demokratie zu beseitigen, der letztlich am breiten Widerstand der Arbeiter und Angestellten und Beamten, der sich zu einem Generalstreik ausweitete, scheiterte. Gustav Stresemann war maßgeblich an den Verhandlungen zur Beendigung des Kapp-Putsches beteiligt.

Die Republik wurde so gerettet. Jedoch wies die DVP die Schuld an den Putsch der Regierung zu und lehnte den Generalstreik ab. Eine Folge der Vereinbarungen zum Ende des Putsches waren Parlamentsneuwahlen im Juni 1920. Sie brachten einen politischen Erdrutsch, da die bisherige Regierung aus Sozialdemokraten, Zentrum und Linksliberalen ihre Mehrheit verlor. Mit einem teilweise demagogisch geführten Wahlkampf unter dem Motto: „Von roten Ketten macht euch frei allein die Deutsche Volkspartei" (Wolfgang Stresemann, Sohn von Gustav Stresemann gibt zu, dass diese Losung zumindestens auf Wahlplakaten in Berlin stand) hatte sie ihren Stimmenanteil fast verdreifacht und 65 Mandate errungen. Stresemann wird Vorsitzender des Außenpolitischen Ausschusses des Reichstages. Die DVP gehörte, wenn auch noch ohne Stresemann, den folgenden Regierungen an.

■ Wandlung der Haltung Stresemanns

Erst 1922 vollzog sich in ihm die entscheidende Wandlung. Sein Glaube an die Politik des kaiserlichen Deutschland, der nur wenig beschädigt Niederlage und Umsturz überdauert hatte, musste erst restlos vernichtet werden, bevor ihn ihm das Bekenntnis zur Republik Wurzeln schlagen konnte. Im Spätherbst 1922 hatte er ein Gespräch mit einem der im 1. Weltkrieg Hauptverantwortlichen der kaiserlichen Politik, Karl Helfferich, seinerzeit Staatssekretär.

Während der Verhandlungen über Maßnahmen zur Inflationsbekämpfung kam Stresemann öfter mit ihm zusammen. Eines dieser Gespräche ging über den Rahmen technischer Erörterungen hinaus.

Helfferich, durch vorangehende Debatten angeregt, wurde von übersprudelnder Mitteilsamkeit, Vergangenes tauchte plötzlich auf, grelle Streiflichter holten viele aus dem Dunkel, was Stresemann bis dahin völlig unbekannt war. Er stellte Helfferich die Frage nach dem Misslingen des deutschen U-Boot-Krieges. Und da erfuhr er die ungeschminkte Wahrheit:

„Er konnte ja nicht gelingen. Wir hatten ja eine höchst geringe Zahl von Unterseebooten, als wir den U-Boot-Krieg begannen... Man hatte sich ja immer geweigert, Unterseeboote zu bauen. Man hat sich später, als wir ihn schon ankündigten, mit den Konstruktionsmöglichkeiten gründlichst verrechnet Ziffern, Daten, Beweise", hörte Stresemann. Alles, was er bis dahin für haltlose Kritik, Verleumdung und böswillige Erfindung gehalten hatte, war wahr und vieles noch weit Schlimmer.

Ein Kronzeuge enthüllte erbarmungslos, auf welchen tönernen Füßen der Koloss deutscher Macht aufgebaut war. Helfferich selbst, der bis zu seinem Tode der ewig Unbelehrbare blieb, hatte Gustav Stresemann jedoch den entscheidenden Impuls für eine politische Wandlung gegeben.

Was ihn weiterhin beeinflusste war der Kontakt mit dem französischen Professor Haguenin, damals Präsident des Garantiekomitees der alliierten Reparationskommission. Jener hatte sich für eine Versöhnung und Wiederannäherung Frankreichs und Deutschlands vor und nach dem ersten Weltkrieg eingesetzt. Schon am 25. November 1922 sagt Stresemann im Reichstag an die Adresse des Außenministers: „Treiben Sie in all diesen Fragen auch mit der Richtung nach Paris hin aktive Politik. Nehmen Sie die Fühlungnahme mit Frankreich vom ersten Augenblick an auf".[2] Seit dem Sommer 1922 war Deutschland nicht mehr in der Lage, die aus dem Versailler Vertrag resultierenden Verpflichtungen in Gold und Sachlieferungen termingemäß zu erfüllen. Frankreich machte auf einer Konferenz die deutsche Bitte um ein Moratorium von produktiven Garantien abhängig. Die wichtigsten Forderungen Frankreichs bestanden in der Übereignung von 60 Prozent der Aktien der deutschen Farbstoffindustrie auf dem linken Rheinufer, das von Frankreich besetzt war, und der Übertragung und Ausbeutung enteigneter staatlicher Kohlengruben im Ruhrgebiet.

Als Deutschland dann auch noch mit Holzlieferungen in Verzug geriet, ließ Frankreich durch die Reparationskonferenz feststellen, dass Deutschland gegen die vertraglichen Verpflichtungen verstoßen habe, was zu Strafmaßnahmen führen sollte. Die anschließende Feststellung des Verzuges der Kohlelieferungen war für den französischen Präsidenten Poincare ein ausreichender Grund, mitten im Frieden, am 1o.Januar 1923 das Ruhrgebiet zu besetzen.

Bis Juni 1923 war erneut ein Gebiet mit damals 3,2 Millionen Einwohnern und das wichtigste deutsche Wirtschaftsgebiet in französischer Hand. 87.000 französische Soldaten und 11.000 französische und belgische Eisenbahner vollzogen die Besatzung. Die deutsche Regierung antwortete schon einen Tag später mit einem Aufruf zum passiven Widerstand, suspendierte alle Reparationslieferungen und untersagte ihren Beamten die Unterstützung einer Macht, die offensichtlich auf die Abtrennung des Rheinlandes von Deutschland hinarbeitete. Der Ausfall des Ruhrgebietes als Wirtschaftszentrum Deutschlands legte riesige Teile des Hinterlandes lahm. Zuletzt waren fast 10 Millionen Menschen gezwungen, auf Reichskosten und von Unterstützungen zu leben. Das trieb den Fall der deutschen Währung in das Uferlose. Es war klar, der Kurs der deutschen Regierung konnte nicht endlos durchgehalten werden.

■ Reichskanzler für 100 Tage

Jetzt endlich kam die Stunde für Gustav Stresemann. Er wurde am 12. August 1923 mit der Regierungsbildung beauftragt. Einen Tag später hatte er sein Kabinett zusammen, das erste Mal eine große Koalition in Deutschland. Sie wurde von den Parteien SPD, DDP, Zentrum und der DVP gebildet. Nur 100 Tage blieb

Stresemann Reichskanzler. Mit Recht spricht man vom Krisenjahr 1923. Aber doch hat in diesen guten drei Monaten Stresemann eine Menge bewirkt.

Er hatte die weitere Aussichtslosigkeit des passiven Widerstandes gegen die Besetzung des Ruhrgebietes erkannt und besaß den Mut ihn abzubrechen. Das hat er am 26. September 1923 offiziell verkündet. Damit war der Weg zu einer Regelung dieser Fragen eingeschlagen. Unter seiner Kanzlerschaft wurde die Inflation gestoppt und die Rentenmark als stabile Währung eingeführt. Während der Kanzlerschaft Stresemanns war aber die junge Demokratie sowohl links- als auch rechtsextremistischen Umsturzbestrebungen ausgesetzt. Am 9. November 1923 war es Hitler mit seinem Bierputsch in München. Im Oktober 1923 kamen in Sachsen und Thüringen Landesregierungen ans Ruder, die von linken Sozialdemokraten und Kommunisten geführt wurden. Außerdem hatten in Hamburg die Kommunisten einen Aufstand unternommen.

Stresemann hatte zusammen mit dem sozialdemokratischen Reichspräsidenten Ebert eine vertrauensvolle Zusammenarbeit entwickelt. Die einstigen politischen Gegner konnten jetzt gut miteinander auskommen. Gegen die extremistischen Bestrebungen waren harte Maßnahmen notwendig. Die Regierungen von Sachsen und Thüringen wurden abgesetzt und neue Regierungen ohne Beteiligung der Kommunisten gewählt.

Ein Großteil der Sozialdemokraten konnten diese Entscheidungen nicht mittragen. Sie empfanden das Vorgehen gegen die Linksregierungen in Sachsen und Thüringen als zu hart und sahen das Vorgehen gegen die Rechten in München als zu nachgiebig an. Darum ließen sie die Große Koalition platzen. Sie zogen ihre Minister aus der Regierung zurück. Am 23. November lagen dem Reichstag drei Misstrauensanträge gegen Stresemann vor. Mit ein wenig Taktieren hätte er sie vielleicht überstehen können, aber er wollte klare Verhältnisse. So stellte er die Vertrauensfrage und verliert die Abstimmung. 156 Abgeordnete stimmten für ihn, 231 gegen ihn bei 7 Enthaltungen.

Selbst Reichspräsident Friedrich Ebert war über die Haltung seiner eigenen Sozialdemokratischen Partei verstimmt. Er sagte den Führern seiner Partei:

„Was Euch veranlasst, den Kanzler zu stürzen, ist in sechs Wochen vergessen, aber die Folgen Eurer Dummheit werdet Ihr noch zehn Jahre lang spüren".[3]

■ Berufung zum Außenminister

Gustav Stresemann ist sichtlich enttäuscht. Doch ihn erreicht ein Schreiben des Zentrumspolitikers Wilhelm Marx:

„Die Fraktion hat mich beauftragt, Ihnen davon Kenntnis zu geben, dass sie einhellig die dringende Bitte ausspricht, Sie müssen Ihre überaus wertvolle Kraft auch weiterhin der Regierung zur Verfügung stellen, indem Sie sich bereiterklären, das Ministerium des Äußeren im neuen Kabinett anzunehmen. Diese Bitte möchte ich aufs lebhafteste unterstützen".

Stresemann antwortet:

„Wenn ich mich entschlossen habe, Herrn Stegerwald meine grundsätzliche Zustimmung dazu zu geben, das Amt eines Außenministers anzunehmen, wenn ich von den Fraktionen, die die neue Regierung bilden, darum ersucht werde, so hat mich dazu wesentlich die Stellungnahme Ihrer Fraktion und Ihr Brief mit veranlasst, und ich habe dabei mit besonderer Freude davon Kenntnis genommen, daß diejenigen Herren Ihrer Fraktion, die in Bezug auf die Gesamtpolitik kritisch eingestellt waren,..., die Fortführung der Außenpolitik durch mich als wünschenswert ansehen".[4]

Am 30. November 1923 wird Stresemann zum Außenminister berufen.

Das sollte für ihn der richtige Platz in den folgenden fast sechs Jahren werden. Denn er sollte dort erst richtig in seinem Element kommen. Gleich nach seinem Amtsantritt warteten auf ihn eine Reihe von Aufgaben. Die erste ergab sich aus seiner kurzen Kanzlerschaft: Die Aufgabe des passiven Widerstandes gegen die Ruhrbesetzung. Die internationalen Sachverständigen wurden auf Wunsch der Reparationskommission zusammengerufen. Sie sollten Deutschlands wirtschaftliche Fähigkeiten erneut prüfen. Das bedeutete für Frankreich eine politische Niederlage, weil damit seine Vormachtstellung in der Reparationsfrage gebrochen war. Denn die Vereinigten Staaten von Amerika begannen wieder, sich für die europäischen Angelegenheiten zu interessieren und dort mitzumischen, nachdem sie auf der Versailler Friedenskonferenz 1919 keine so gute Figur gemacht hatten. Sie setzten im Reparationsausschuss ihre Gedanken und ihren Plan durch. Am Ende stand der Dawes-Plan, der die Reparationen für Deutschland regelte.

In den USA wurde dazu eine Anleihe mit 110 Millionen Dollar gezeichnet. Im August 1924 fand in London die abschließende Konferenz statt. Hier gelang Stresemann der erste außenpolitische Erfolg.

Nicht nur, dass Deutschland wieder ein gleichberechtigter Partner in Europa wurde. Auch die Frage der Räumung des Ruhrgebietes konnte geklärt werden, das innerhalb von einem Jahr geräumt werden sollte. Stresemann kämpft im Reichstag Ende August 1924 für die Annahme des Dawesplanes. Ihm gelingt es, die Parlamentarier mehrheitlich zu gewinnen. Stresemann bilanziert selber, dass durch die Annahme der Dawes-Gesetze eine seelische Entspannung für das deutsche Volk erreicht war, das wenigstens einmal im Schatten gesicherter Verhältnisse seinen Wege hoffte weiterverfolgen zu können.

Dahinter aber stand der Gedanke, dass London der Ausgangspunkt einer neuen weltpolitischen Situation eines befriedeten Europa sein würde. Die Zeit der nationalen Isolierung ist für Deutschland vorüber.

Bereits als Reichskanzler hatte Stresemann in einer Rede in Stuttgart 1923 erklärt:

„Wenn es sich darum handelt, dass die am Rhein interessierten Staaten sich versammeln sollen, um die Unversehrtheit des gegenwärtigen Gebietszustandes auf eine zu bestimmende Zeit sich gegenseitig zu sichern, so wird Deutsch-

land jederzeit bereit sein, einem solchen Bündnis beizutreten, um der Gefahr entgegenzuwirken, die erneute Zusammenstöße, insbesondere ein erneutes Verbluten der Volkskraft bringt ".[5]

■ Auf dem Weg in den Völkerbund

Auf Anregung von Stresemann kommt 1925 vom 5. bis 16. Oktober die Konferenz von Locarno zusammen. Er bot den Westmächten die grundsätzliche Regelung des für die französische Politik so entscheidend wichtigen Sicherheitsproblems an, indem er vorschlug, die deutsch-französische und die deutsch-belgische Grenze sollten in einem Pakt für unabänderlich erklärt und garantiert werden. In dem am 16.Oktober 1925 abgeschlossenen Vertragswerk verzichteten Deutschland, Frankreich und Belgien auf eine gewaltsame Veränderung ihrer gemeinsamen Grenzen. Großbritannien und Italien traten dem Abkommen als Garantiemächte bei. Die im Versailler Vertrag von 1919 festgelegte Westgrenze Deutschlands wurde somit von Deutschland als endgültig anerkannt. Das hieß, Elsass-Lothringen und Eupen Malmedy sollten bei Frankreich und Belgien ein für allemal verbleiben. In den Locarno-Verträgen ging Deutschland auch so genannte Schiedsabkommen mit Polen und der Tschechoslowakei ein, in denen die Vertragspartner auf eine gewaltsame Revision ihrer gemeinsamen Grenzen verzichteten. Stresemann lehnte jedoch die Aufforderung, entsprechend dem Garantiepakt für die Westgrenzen ein ähnliches Abkommen über die deutschen Ostgrenzen zu vereinbaren, kategorisch ab und behielt sich ausdrücklich den Anspruch auf eine spätere friedliche Revision der Verhältnisse im Osten vor. Das Vertragswerk fand international als Fundament für eine neue europäische Ordnung Anerkennung.

Am Tag der Unterzeichnung der Verträge durch Reichskanzler und Außenminister in London begannen die britischen Truppen mit der Räumung der 1. Zone des besetzten Rheinlandes.

Während das Ausland einhellig den Vertrag als Grundlage für eine neue europäische Friedensordnung begrüßte, brach in Deutschland über Stresemann der heftigste Sturm seiner bisherigen politischen Laufbahn los. Bereis als er im Oktober von Locarno zurückkehrte, spürte er das. In den Augen der Rechtspresse war der Vertrag Landesverrat. Der Ruf nach dem Staatsgerichtshof wurde laut. Während die Unterzeichner des Friedensvertrages von Versailles unter Zwang handelten, so die Rechtspresse, habe der Landesverräter Stresemann freiwillig den Franzosen Elsass Lothringen ausgeliefert. Er war von den Franzosen bezahlt, seine Frau die Schwester von Frau Poincare. Außerdem war Stresemann von Juden gekauft und von den Weisen von Zion bestochen. Wegen der aufgeheizten Stimmung war Stresemanns Ankunftstermin in Berlin geheim gehalten worden und unter polizeilichem Schutz kam er in seine Wohnung. Stresemann setzte wiederum alle seine Kraft ein, um die Verleumdungen und Verdächtigungen zurückzuweisen. Letztendlich war durch diese mutige Tat der Weg nach Europa für Deutschland offen. Stresemann wurde im Ausland anerkannt.

Mit diesem Vertragswerk war die Stunde gekommen, dass Deutschlands Weg in den Völkerbund frei wurde. Der Völkerbund war 1919 gegründet worden. Ihm gehörten 32 ehemalige Gegnerstaaten Deutschlands sowie 13 Neutrale an. Deutschland und die übrigen ehemaligen Kriegsgegner bleiben vorerst ausgeschlossen. Durch einen solchen Bund der Völker sollten zukünftig Kriegskatastrophen unmöglich gemacht werden. Das Ansehen und die Durchsetzungskraft des Völkerbundes waren schon im Anfang dadurch entscheidend geschwächt, dass die USA selbst dieser Institution nicht beitraten. Die Aufnahme Deutschlands in den Völkerbund war in den Locarno-Verträgen verabredet worden.

Sie geschah am 8. September 1926, nachdem einige Probleme unter anderem wegen dem möglichen aus dem Status der Mitgliedschaft für Deutschland entstehenden Verpflichtung zur Teilnahme an Sanktionen gegen die UdSSR geklärt und die gleichzeitige Anerkennung des Deutschen Reiches als ständiges Mitglied im Völkerbundrat durchgesetzt worden waren. Ich möchte auch erwähnen, dass Stresemann am 24. April 1926 den deutsch-russischen Freundschaftsvertrag abschloss. Gegenseitige Neutralität war zugesichert im Falle eines Angriffs von dritter Seite, auch an einem wirtschaftlichen und finanziellen Boykott sollte keine der beiden Mächte teilnehmen dürfen. Dieser Vertrag leitete eine erneute Periode deutsch-russischer Zusammenarbeit ein. Industriell, organisatorisch und rüstungstechnisch hatten sich die beiden Mächte viel zu geben.

Stresemann hielt seine erste Rede vor dem Völkerbund. *„Die Aufgabe der lebenden Generation ist es, den Blick auf die Gegenwart und die Zukunft zu richten"*, sagte er am Anfang seiner Rede.[6]

Dann sprach er von den neuen Aufgaben der Völker, die der grundstürzende Krieg zur Besinnung gebracht hat, von der Bildung neuer und dem Untergang der alten Formen der Wirtschaft, die die alten Grenzen der Länder sprengt und neue Forderungen internationaler Zusammenarbeit erhebt.

„Der wird der Menschheit am meisten dienen, der wurzelnd im eigenen Volke, das ihm seelisch und geistig Gegebene zur höchsten Bedeutung entwickelt und damit, über die Grenze des eigenen Volkes hinaus wachsend, der gesamten Menschheit etwas zu geben vermag, wie es die Großen aller Nationen getan haben, deren Namen in der Menschheitsgeschichte niedergeschrieben sind. So verbindet sich Nation und Menschheit auf geistigem Gebiete, so kann sie sich auch verbinden in politischem Streben, wenn der Wille da ist, in diesem Sinne der Gesamtentwicklung zu dienen".[7]

Der Weg, den Gustav Stresemann den zwischen nationaler Bewahrung und internationalen Notwendigkeit der Weltgemeinschaft Schwankenden wies, war kein schmaler Gedankenpfad für Führergestalten, sondern einer für breite Schichten, deren Gedanken und Gefühle er so genau nachspüren konnte.

Wie sein Vorredner, der französische Außenminister Briand, hatte er auf die

Bedeutung des Tages hingewiesen und eine neue Ära der Völkerverständigung angekündigt. Deutschland war wieder ein voll anerkanntes gleichberechtigtes Mitglied der Völkerfamilie. Das war hauptsächlich Stresemann zu verdanken.

Sowohl Stresemann und Briand verlassen am 17. September 1926 Genf auf getrennten Wegen. Obwohl bekannt war, dass sie ein weiteres Gespräch unter vier Augen planten, schafften sie es, den Verhandlungsort geheim zu halten. Stresemann greift zu einer List. Als harmloser Motorbootfahrer setzte er an das jenseitige Ufer des Genfer Sees über, steigt dort in ein Auto und fährt etwa 25 Minuten in den Ort Thoiry. Hier in einem kleinen französischen Landhotel trifft Stresemann auf Briand und Professor Hesnard, die auf ähnlich abenteuerlicher Weise dorthin gekommen sind. In den Gesprächen, die hier geführt werden, geht es darum, dass Frankreich gerade in Bezug auf die Räumung des Rheinlandes weitere Konzessionen macht. Stresemanns Versuch dort Fortschritte zu erreichen, scheitert jedoch. Wie man das der Öffentlichkeit gegenüber darstellte, beweist das Kommuniqué:

„Der deutsche Außenminister Dr. Stresemann und der französische Außenminister Briand trafen sich zum Frühstück in Thoiry. Sie hatten dort eine mehrstündige Unterhaltung, die in freundschaftlicher Weise verlief. Im Verlaufe dieser Unterhaltung prüften sie der Reihe nach alle ihre beiden Länder interessierenden Fragen und suchten gemeinsam nach den geeigneten Mitteln, um die Lösung dieser Fragen im deutschen und französischen Interesse und im Geiste der von ihnen unterzeichneten Vereinbarungen sicherzustellen. Die beiden Minister brachten ihre Auffassungen über eine Gesamtlösung der Fragen in Einklang, wobei sich jeder von ihnen vorbehielt, seiner Regierung darüber Bericht zu erstatten.

Wenn ihre Auffassungen von ihren beiderseitigen Regierungen gebilligt werden, werden sie ihre Zusammenarbeit wieder aufnehmen, um zu den gewünschten Ergebnissen zu gelangen".[8]

Stresemanns Vorschläge werden zwar zustimmend zur Kenntnis genommen - im Gespräch ist eine Räumung des Rheinlandes bis 30. September 1927 und auch um das Saargebiet, das unter französischer Verwaltung steht, geht es.

Das Scheitern ist letztendlich darauf zurückzuführen, dass Briand bei seinem Premier Poincare, der uns ja noch aus der Zeit des Ruhrkampfes in Erinnerung ist, und der gerade wieder Regierungschef ist, nicht die notwendige Unterstützung findet. Widerstand regt sich auch in der öffentlichen Meinung Frankreichs.

So bringt das Jahr 1926 diesbezüglich noch nicht den von Stresemann gewünschten Durchbruch. Jedoch ist aller Welt sichtbar geworden, dass sich Deutschland und Frankreich auf dem Wege der Annäherung befinden. Von beiden Seiten aus ist ein deutliches Signal ergangen, dass alle noch offene Fragen friedlich geregelt werden sollen. Stresemann schreibt zum Ziel eines deutsch-französischen Ausgleichs:

„Die Außenminister Deutschlands und Frankreichs befinden sich in der Lage der Führer von Konzernen, die sich zusammensetzen, um in voller Offenheit zu prüfen, wie durch ein planmäßiges Zusammenwirken der beidseitigen Kräfte das Gedeihen jedes einzelnen Unternehmens gefördert und zugleich dem Gesamtinteresse der Wirtschaft gedient werden kann. Seit unserem Zusammentreffen in Locarno haben Herr Briand und ich das Ziel eines deutsch-französischen Ausgleichs als Kernstück einer großen europäischen Friedenspolitik klar ins Auge gefaßt. Wir waren uns aber niemals im Zweifel darüber, dass die Annäherung an dieses Ziel sich nur stufenweise vollziehen kann, unter sorgfältiger Berücksichtigung aller in Betracht kommenden Faktoren, insbesondere der beidseitigen parlamentarischen Verhältnisse und massenpsychologischen Bedingungen.

Denn weniger als je arbeiten heute die Staatsmänner im luftleeren Raum und nur durch eine immer wieder neu sich anpassende Verbindung von weitausschauenden Konzeptionen mit den realen Kräften des Tages kann ein so vielseitiges und schwieriges Problem wie die deutsch-französische Annäherung etappenweise gelöst werden. Dabei liegt eine der wesentlichsten Schwierigkeiten darin, dass so wie sich die Dinge infolge der Bestimmungen von Versailles und ihrer im Kampfgeist entwickelten Auslegungen in den ersten Nachkriegsjahren gestaltet hatten, von deutscher Seite neben großen finanziellen Leistungen vorzugsweise ein moralisches Entgegenkommen, von französischer Seite aber mehr sozusagen formal-juristische Verzichte in Betracht kommen. Bei der jahrhundertealten Tendenz der französischen Außenpolitik zum Operieren mit einmal errungenen formalen Rechtstiteln ist es für einen französischen Staatsmann keine leichte Aufgabe, die öffentliche Meinung seines Landes mit der Erkenntnis zu durchdringen, dass die Preisgabe gegenstandslos gewordener oder die Befriedung hemmender Vertragsrechte kein wirkliches Opfer bedeutet. Während andererseits die deutsche Öffentlichkeit nur schwer versteht, dass man in Frankreich das Entgegenkommen, das für ein auf seine Vergangenheit stolzes Volk in der Freiwilligkeit der unerhört hohen Dawes-Lasten, in der Freiwilligkeit des Verzichtes auf gewaltsame Grenzkorrekturen im Westen liegt, nicht in seiner vollen Tragweite zu würdigen weiß. Wer diese und noch so manche anderen psychologischen Hemmungen, der mit dem Namen Locarno verbundenen Politik unbefangen überdenkt, wird nicht verkennen können, dass das Ausmaß der Unterstützung, die diese Politik schon heute in der deutschen und der französischen Öffentlichkeit findet, zu der Hoffnung auf weitere Erfolge dieser Politik durchaus berechtigt. Er wird sich aber zugleich darüber klar sein, dass diese Hoffnung sich nur verwirklichen kann, wenn das Verständnis für die Bedeutung der Locarnopolitik in unablässiger publizistischer Arbeit in immer weitere Volkskreise Deutschlands und Frankreichs hineingetragen wird“.[9]

■ Friedensnobelpreis für sein Wirken

Als dieser Beitrag Stresemanns erschien, war wenige Wochen zuvor in Oslo die Entscheidung getroffen worden, den Friedensnobelpreis für 1926 an den deutschen und französischen Außenminister zu verleihen.

Aber erst Ende Juni 1927 kann er nach Oslo reisen, um den Preis persönlich entgegenzunehmen. Am 29. Juni 1927 hält er in der Aula der Universität der norwegischen Hauptstadt seine Rede. Sie trägt den Titel „Der Weg des neuen Deutschland" und enthält Rückblick und Ausblick auf das Geschehen in Deutschland.

"Denn nichts scheint falscher in der Geschichtsforschung und -erzählung der einzelnen Völker, als wenn der heranwachsenden Jugend das, was an Großem geschieht, so dargestellt wird, dass man meinen müsste, es hat sich von selber ergeben. Es ist nichts falscher, als das Ergebnis gleich hinter den Anfang zu stellen, als ob es etwas Anderes nicht geben könnte. Nur der Kampf bringt den Menschen vorwärts. Das Leben des einzelnen Menschen ist ein ständiger Kampf mit Irrtümern und Hindernissen". [10]

Diese Rede von Stresemann erreicht auch den Schriftsteller Gerhard Hauptmann in Kloster auf der Insel Hiddensee. Der Dichter bedankt sich bei Stresemann für die Zusendung der Rede und schreibt in seinem Brief:

„Darf ich Ihnen dafür im engeren und erweiterten Sinne wärmstens danken: danken für die freundliche Aufmerksamkeit und noch viel mehr danke für die Rede selbst, die an Klarheit und Gehalt ein Meisterwerk ist, nicht der Rhetorik, sondern im Sinne Goethes: ‚Wenn's euch Ernst ist, was zu sagen, ist's nötig, Worten nachzujagen?' Und ob auch das Tröstliche Ihres eindringlichen Überblicks in dem großen Gegenstand liegt, den Sie behandeln, so bleibt dieses Tröstliche doch ein Geschenk.

Für das ebenfalls eine starke Empfindung des Dankes sich meldet. Ich hebe hervor, was Sie über die Kraft des deutschen Volkes sagen, das eines doppelseitigen Bolschewismus sich erwehren konnte. Ferner Ihre Stellung zur Sozialdemokratie und die nicht hoch genug zu bewertende Feststellung ihrer Umwandlung in eine vaterländische und staatstragende Partei. Gerade wer die Extreme nicht will - und wer kann sie wollen, da sie der Lebensruhe und dem Lebensrhythmus, dem großen Beharren der Völker widersprechen?! Muss sich verpflichtet halten, alle Missverständnisse und Vorurteile dieser natürlich gegebenen Partei gegenüber aus dem Wege zu räumen. Ich greife ferner aus Ihrer Rede die Dominante heraus: Der Mensch lebt nicht vom Brot allein.

Die wirtschaftlichen Verhältnisse und Belange in Ehren, aber Ideen haben hungernde Völker zuweilen groß gemacht, und satte und übersättigte sind an Ideenlosigkeit zugrunde gegangen. ... Hiermit habe ich hochzuverehrender Minister Stresemann, Ihre kostbare Zeit vielleicht schon zu lange beansprucht, bitte Sie aber, es mit der Bewegung zu entschuldigen, in die mich ihre Schicksalsrede versetzte, die ja, Gott sei Dank, auch die stille Umbildung zum Guten in unseren auswärtigen Beziehungen wohltätig deutlich erkennen lässt".[11]

Stresemann erlebt auch in Deutschland eine unangefochtene Zeit. Selbst die Kritiker von rechts verstummen zeitweilig. Der Verband sächsischer Industrieller, den Stresemann von 1902 an aufgebaut hatte und bis 1918 als Geschäftsführer leitete und dessen Vorstand er bis 1923 angehörte, ernennt ihn 1927 zu seinem Ehrenmitglied.

Im Frühjahr 1928 gibt es wiederum eine der vielen Regierungskrisen in der Weimarer Republik. Es bleibt kein anderer Ausweg als Neuwahlen.

■ Zusammenstoß mit den Nationalsozialisten

Stresemann kandidiert wieder für den Reichstag. Er lässt sich von seiner Partei für München aufstellen. Am 25. April ist eine öffentliche Versammlung im Bürgerbräu-Keller angesetzt. Diese Versammlung wird durch die Nationalsozialisten gesprengt. Der Sonderberichterstatter der Täglichen Rundschau schreibt:

„Es gelang Dr. Stresemann, etwa 1,5 Stunden zu sprechen und seine Gedanken trotz mehrfacher Unterbrechung durch die Nationalsozialisten, die mit Trillerpfeifen kämpfen durchzusetzen. Im Verlauf der innenpolitischen Ausführungen des Ministers stimmten die Nationalsozialisten demonstrativ in störender Absicht das Deutschlandlied, das Hitlerlied und die Wacht am Rhein an und brachten auch Hochrufe auf Hitler aus, die von den Anhängern Stresemanns mit Hochrufen auf den Außenminister erwidert wurden. Als es sich als unmöglich erwies, die Ruhe in der Versammlung wiederherzustellen, schloss der Vorsitzende gegen 10.00 Uhr die Versammlung mit der ausdrücklichen Feststellung, dass es nicht möglich gewesen sei, dem deutschen Außenminister in München Gehör zu verschaffen".[12]

Der Bayrische Kurier, das Organ der Bayrischen Volkspartei, schreibt dazu:
„Wie lange soll der Unfug der Hitlerleute noch fortdauern. Der Vorfall eröffnet ja erfreuliche Aussichten auf den Wahlkampf. Wir sind sicher keine Anhänger der Innenpolitik der Deutschen Volkspartei, aber trotzdem sind wir der Meinung, dass es möglich sein müßte, andere Staatsbürger vor dem Terrorismus einer Gewaltgruppe zu schützen. Zur Hebung des Ansehens Münchens und Bayerns tragen solche Vorfälle nicht bei".[13]

■ Trotz schwerer Krankheit Ringen bis zuletzt

Zwei Tage vor seinem 50. Geburtstag erkrankt Stresemann. Die ärztliche Diagnose ergibt, seine Nieren sind schwerstens geschädigt.
Ein wochenlanger Kampf zwischen Leben und Tod vollzieht sich. Aufs Erste gewinnt Stresemann diesen Kampf. Er kann nicht mehr im Wahlkampf auftreten und ist nicht in der Lage, seinen runden Geburtstag zu feiern, den auch die Presse gebührend würdigte.

Obwohl er in Bayern nicht mehr persönlich die Schlussphase im Wahlkampf absolvieren kann, erzielt er dort einen deutlichen Stimmenzuwachs. Die Wahlen am 20. Mai bringen einen Linksruck. Die Sozialdemokratie gewinnt 21 Mandate hinzu, während die großen bürgerlichen Parteien Verluste hinnehmen müssen. Stresemanns DVP verliert 6 Sitze, ist aber im neuen Reichstag mit einer Fraktionsstärke von 45 Abgeordneten vertreten.

Letztmalig in der Weimarer Republik wird ein Sozialdemokrat mit der Regierungsbildung beauftragt. Hermann Müller bildet eine Große Koalition mit den gleichen Parteien, wie seinerzeit Stresemann. Jener hat wochenlang mit dem Tode zu ringen. Jedoch gelingt es ihm, sich doch noch ein wenig zu erholen, um mit der letzten ihm verbliebenen Kraft für seine Visionen zu kämpfen. Innenpolitisch hat er große Mühe, seine Partei für den Eintritt in die Große Koalition zu gewinnen. Zeitweise trägt er sich sogar mit dem Gedanken, die DVP zu verlassen.

Aber auch außenpolitisch liegt noch einiges an. So wirkt Stresemann maßgeblich mit am Zustandekommen des Kellogg-Paktes, der am 27. August 1928 in Paris unterzeichnet wurde. Obwohl Stresemann schwerkrank ist, unterzieht er sich den Strapazen dieser Reise.

Der Kellogg-Pakt hatte folgende Vorgeschichte: Der französische Außenminister Briand hatte ein Abkommen zur Friedenssicherung vorgeschlagen. Der amerikanische Außenminister Kellogg hatte diesen Plan weiter ausgebaut. Im Laufe der Verhandlungen kam auch Deutschland mit hinzu. Stresemann unterstützte diesen Plan. An die Stelle der militärischen Lösung eines Streitfalles sollte die friedliche Regelung jedes Problems vor einem Schiedsgericht treten. Briand sagt in seiner Rede:

„Kann der zivilisierten Welt eine bessere Lehre gegeben werden als dieses Schauspiel einer Zusammenkunft, in der zur Unterzeichnung eines Paktes gegen den Krieg Deutschland aus freien Stücken und ohne Zögern zwischen sämtlichen andern Signataren, seinen früheren Gegnern, Platz nimmt? Gibt es noch eine schlagendere Illustration, wenn auf diese Weise dem Vertreter Frankreichs, der zum ersten Mal seit mehr als einem Jahrhundert einen deutschen Außenminister auf dem Boden Frankreichs empfängt, Gelegenheit gegeben wird, ihm den gleichen Empfang zu bereiten wie all seinen ausländischen Kollegen? Da dieser Vertreter Deutschlands Stresemann heißt, kann man glauben, dass ich besonders glücklich bin, dem ausgezeichneten Geist und Mut des hervorragenden Staatsmanns Anerkennung zu zollen, der während drei Jahre nicht gezö-

gert hat, sich unter seiner Verantwortung dem Werke der europäischen Zusammenarbeit für die Aufrechterhaltung des Friedens zu widmen"[14]

Unter Vorsitz des amerikanischen Finanzmanagers Owen D. Young trat im Februar 1929 in Paris eine Sachverständigenkonferenz zusammen. Sie hatte das Ziel, die deutschen Reparationen neu zu regeln, da sich herausgestellt hatte, dass die im Dawesplan festgelegten Jahreszahlungen von der deutschen Wirtschaft nicht aufgebracht werden konnten. Der dort ausgearbeitete Plan legte die Höhe der Reparationssumme und die Dauer zu der leistenden Zahlungen endgültig fest. 112 Milliarden Goldmark sollten in 59 Jahresraten von durchschnittlich 2 Milliarden Mark gezahlt werden. Die neugegründete Bank für internationalen Zahlungsausgleich in Basel übernahm die Verwaltung der deutschen Zahlungen. Der neue Plan stellte in vielen Punkten eine wesentliche Verbesserung gegenüber dem Dawes-Plan von 1924 dar. Das Deutsche Reich erhielt die alleinige Verantwortung für die Zahlungen in fremder Währung. Aber die lange Dauer der Zahlungsverpflichtungen über Generationen rief Enttäuschung und Entrüstung hervor. Stresemann setzte sich trotz allem mit aller Eindringlichkeit für die Annahme dieses Planes ein. Jedoch machte die Rechte mit Hugenberg an der Spitze der DNVP und mit der NSDAP Sturm gegen den Vertrag mit einer beispiellosen Hetzkampagne gegen Stresemann und alle Befürworter der Annahme des Planes.

Ende August 1929 gelingt nach langwierigen Verhandlungen endlich ein Durchbruch. In Den Haag findet eine Konferenz statt. Sie fordert noch einmal Stresemann bis am Rand seiner Kräfte heraus. Aber der Einsatz war nicht vergeblich. Vertraglich wird vereinbart, dass bis Ende Juni 1930 das gesamte Rheinland von französischen Truppen geräumt wird. Immerhin fünf Jahre früher, wie es der Versailler Vertrag festgelegt hatte. Lediglich beim Saargebiet kommt noch keine Einigung zustande.

Stresemann hält vor dem Völkerbund am 9. September 1929 noch einmal eine große Rede. Neben vielen Fragen spricht er auch die Frage des Schutzes der nationalen Minderheiten an. Nach seiner Rückkehr nach Berlin warten auf ihn neue Probleme. Die Große Koalition droht zu zerbrechen, weil es in der DVP Differenzen gibt. Am 2. Oktober gelingt es Stresemann in zähen Verhandlungen, seine Partei letztmalig auf Linie zu bringen. Am späten Abend erleidet er einen starken Schlaganfall. Die Ärzte kämpfen um sein Leben. Jedoch folgt am Morgen des 3. Oktober ein erneuter Schlaganfall, den Stresemann nicht mehr übersteht.

■ Nicht nur Staatsmann sondern auch Dichter und Journalist

Die Berliner Vossische Zeitung schreibt in ihrer Abendausgabe vom 3. Oktober im Nachruf, dass neben der Politik Stresemanns leidenschaftliches Interesse den schönen Künsten galt.

„Wer nur den Staatsmann kannte, der kannte nur den halben Stresemann. Der andere war ein Dichter und Journalist. Er hatte den Sinn für das Wesentliche, das den Journalisten ausmacht. ... Das er einer der besten Redner war, braucht man nicht erst zu wiederholen...Er ist nicht nur einer der gründlichsten Kenner der Werke Goethes gewesen...er hat auch vielbeachtete Vorträge über Goethe gehalten...."

Manche Rede schmückte ein Zitat von Goethe, Schiller oder Hölderlin. Im Theater hat man einen aktiven Politiker selten so häufig gesehen wie Stresemann. Auch in der Oper war er ein häufiger Gast".

Die Zeitung schließt den Beitrag, der unter der Überschrift ein Großer Deutscher stand:

„Wer die Ehrfurcht hat beobachten können, mit der Stresemann im Ausland behandelt wurde, der bekam eine Ahnung davon, welch reichen politischen Kredit Stresemann uns in der Welt geschaffen hat. Es wird auch der Tag kommen, wo über Stresemanns politisches Lebenswerk auch im Deutschen Reiche nicht verschieden sein kann. Der Tag, an dem man begreifen wird, was Stresemanns Tod für das Deutsche Reich bedeutet: Nicht nur einen Verlust, weit mehr: ein Unglück".[15]

Der weitere Verlauf der Geschichte hat das leider bestätigt.

■ Was können wir heute von Stresemann lernen?

1. Einmal die Einsichtsfähigkeit in die gegebenen politischen Realitäten. Als Stresemann die Wahrheit über den verlorenen Ersten Weltkrieg erfuhr, schob er sie nicht einfach zur Seite. Nein, er zog daraus für sein politisches Wirken Schlussfolgerungen. Das galt dann auch für außenpolitische Gegebenheiten. Er sah eben die Notwendigkeit der Aussöhnung mit Frankreich. Er hatte den Mut, die notwendigen Entscheidungen zu treffen und dann auch sie öffentlich klar zu vertreten.

2. Stresemann wurde zu einem aufrechten Demokraten. Er hatte mehrfach Angriffe auf die Republik von links und rechts auch auf seine eigene Person erlebt. In seiner klaren Haltung gegen Rechtsextremismus und Linksextremismus ist er heute ebenso ein Vorbild.

3. Mit seinen Visionen und Ideen für das Zusammenleben der Völker und Ideen war er seiner Zeit weit voraus.

4. In einer Rede über Zukunftsaufgaben der akademischen Jugend sagte er: Sie solle sich nicht an alten Schlagworten berauschen.

    Die Erhaltung des Friedens, und die darauf gerichteten Bestrebungen sind nicht Weichheit, nicht Schwäche, sie sind realpolitische Erkenntnis unserer eigenen nationalen Interessen. Möchten wir erkennen, dass es engherzig und kleinlich ist, in dem ausländischen Studenten in Deutschland etwa nur den Wettbewerber zu sehen, anstatt zu erkennen, dass er aus dem Schönen, was deutsches Land und deutsches Leben ihm zu geben vermag, die Erkenntnis seiner Freundschaft für unserer Land heimbringt.

5. Stresemann hat sich um die Gewinnung der Jugend bemüht.

6. Stresemann sagte warnend: Von einem glücklich verlaufenden neuen Krieg hätte Deutschland keine Stabilisierung seiner Verhältnisse zu erwarten.

7. Stresemann kämpfte gegen drei Feinde: Angst vor der Initiative, Angst vor der Verantwortung, Angst vor der eigenen Kraft. Welche Rolle spielen diese drei Ängste in der heutigen Politik?

8. Es ist heute immer noch ein Problem, über Stresemann in der Tagespresse zu publizieren. Haben immer noch diejenigen dort das Sagen, die aus der DDR und ihrem Geschichtsunterricht das einseitig negative Bild über Stresemann übernahmen?

9. Ich wünsche mir, dass in Zukunft eine Publikation über alle vier deutschen Friedensnobelpreisträger erscheint.

Zeittafel Gustav Stresemann

1878	Am *10. Mai* in Berlin geboren
1897-1900	Studium von Geschichte, Literatur und Ökonomie in Berlin und Leipzig
1901	Assistent im Verband Deutscher Schokoladenfabrikanten in Dresden
1902	Syndikus des Verbandes der Sächsischen Industriellen
1903	Mitglied der Nationalliberalen Partei
1903	*20. Oktober*: Hochzeit mit Käte Kleefeld
1906	Mitglied des Stadtparlaments in Dresden
1907	Mitglied des Deutschen Reichstages (bis 1912)
1909	erste Rede im Reichstag
1910	Umsiedlung von Dresden nach Berlin
1914	*28. Juni*: Attentat von Sarajewo; *1. August*: Beginn des 1. Weltkriegs. Durch Nachwahl im *Dezember* wieder im Deutschen Reichstag
1917	Fraktionsvorsitzender der Nationalliberalen im Reichstag
1918	*9. November*: Novemberrevolution in Deutschland, Abdankung Kaiser Wilhelm II.
	11. November: Waffenstillstand mit den Ententemächten
	15. Dezember: Gründung der Deutschen Volkspartei, Stresemann wird Vorsitzender.
1919	*19. Januar*: Wahlen zur Nationalversammlung; DVP erhält 4,4% und 19 Abgeordnete in der Weimarer Nationalversammlung.
	11. Februar: Friedrich Ebert (SPD) wird Reichspräsident.
1920	*März*: Kapp-Putsch, *6. Juni*: Neuwahlen Reichstag
	DVP erhält 14 % und 65 Abgeordnete.
1923	13. August: Stresemann wird Reichskanzler.
	23. November: Sturz durch Misstrauensvotum des Reichstages
	30. November: Stresemann wird im neuen Kabinett Marx Außenminister.
1924	*Mai* und *Dezember*: Reichstagswahlen (DVP 45 bzw. 51 Mandate)
1925	*28. Februar*: Tod des Reichspräsidenten Eberts
	26. April: Paul von Hindenburg wird zum Reichspräsidenten gewählt.
	1. Dezember: Unterzeichnung der Locarno-Verträge
1926	*24. April*: Deutsch-Sowjetischer Freundschaftsvertrag
	8. September: Deutschland wird Mitglied des Völkerbundes
	10. Dezember: Stresemann erhält den Friedensnobel-Preis mit dem französischen Außenminister Aristide Briand
1927	*29. Juni*: Entgegennahme des Preises in Oslo und Rede „Der Weg des neuen Deutschland"

1928	25. *April*: Stresemanns Wahlrede in München wird von den Nazis gesprengt.
	8. *Mai*: schwere Erkrankung Stresemanns
	20. *Mai*: Reichstagswahlen, DVP erhält 45 Mandate.
	28. *Juni*: Hermann Müller (SPD) wird Kanzler einer großen Koalition.
1929	27. *August*: Unterzeichnung des Briand-Kellogg-Pakts „Kriegsächtungspakt"
	Haager Konferenz schließt am *31. August* mit Zusage der endgültigen Räumung des Rheinlandes (bis September 1930).
	9. *September*: letzte Rede Stresemanns vor dem Völkerbund
	3. *Oktober*: 1929 Stresemann stirbt in Berlin

Quellennachweis

1 *Hofmann, Robert*: Geschichte der deutschen Parteien von der Kaiserzeit bis zur Gegenwart. Piper Verlag, München/Zürich 1993, Seite 48 f.

2 *Bernhard, Henry (Hsg.)*: Gustav Stresemanns Vermächtnis – Der Nachlass in drei Bänden. Band 1: Vom Ruhrkrieg bis London. Ullstein, Berlin 1932, Seite 23 f.

3 *Stresemann, Wolfgang*: Mein Vater Gustav Stresemann. Herbig, München 1979, Seite 283

4 Zitat wie Fn. 2, Seite 247

5 Zitat wie Fn. 2, Seite 100

6 *Vallentin, Antonia*: Stresemann Vom Werden einer Staatsidee. Paul List Verlag, Leipzig 1930, Seite 206

7 ebenda, Seite 207

8 *Bernhard, Henry (Hrsg.)*: Gustav Stresemanns Vermächtnis – Der Nachlass in drei Bänden. Band 3: Von Thoiry bis zum Ausklang. Ullstein, Berlin 1933, Seite 15

9 ebenda, Seite 777

10 ebenda, Seiten 460 - 473

11 ebenda, Seite 496

12 ebenda, Seite 293

13 ebenda, Seite 295

14 ebenda, Seite 353 f.

15 ebenda, Seite 548

Albrecht Graf Bernstoff
1890 - 1945

Die Majestät des Gewissens

„Die Majestät des Gewissens", so lautet das Thema der folgenden Abhandlung. Ich habe dieses Motto bewusst gewählt. Mehr als ein halbes Jahrhundert sind seit dem gescheiterten Attentat auf Hitler vergangen. Aus der Entscheidung ihres Gewissens heraus leisteten Frauen und Männer unterschiedlicher Herkunft Widerstand gegen das verbrecherische Naziregime mit seiner totalitären Ideologie, einem unbeschreiblichen Rassen- und Völkerhass, den fast ganz Europa im den 2. Weltkrieg mit viel Leid, Elend und Zerstörung stürzte. Es bedurfte großen Mutes, Widerstand gegen das Hitler-Regime zu leisten. Viele haben ihren Einsatz mit dem Leben bezahlt. Die Erinnerung darauf sollte in unserer heutigen Zeit wach gehalten werden. Nur so können bleibende Lehren aus der verhängnisvollen Geschichte gezogen werden, damit unser Gewissen wach gehalten wird.

Ich möchte Ihnen in den nun folgenden Ausführungen das Leben und Wirken von Albrecht Graf Bernstorff, eines bei uns weithin unbekannten Diplomaten und Widerstandskämpfer gegen das Hitler-Regime, vor Augen führen und versuchen, daraus einige Schlußssfolgerungen für unsere Gegenwart zu ziehen.

■ Acht Bernstorffs als Staatsmänner und Diplomaten

Über 300 Jahre prägten acht Bernstorffs im Europa Friedenspolitik an entscheidender Stelle. Sie wirkten als hochrangige Politiker und Diplomaten in dänischen, britischen, hannoverschen und preußischen Diensten. Sie waren Premierminister in Hannover und Großbritannien, in Braunschweig und in Dänemark, sowie Außenminister in Dänemark und in Preußen. Sie waren hervorragende Diplomaten Preußens und Deutschlands in London und Washington. Der Stammbaum der Familie von Bernstorff im Anhang gibt einen Überblick. (1)

Noch heute erinnert man sich in unserem nördlichen Nachbarland Dänemark an Andreas Peter Graf von Bernstorff. Er lebte von 1735-1797 und war dänischer Premierminister. In seiner Regierungszeit initiierte er eine Reihe von Reformen im Staatswesen. Sie betrafen Finanzen, Gerichtswesen, Emanzipation der Juden, Freiheit der Literatur und Presse. Als erstes europäisches Land verbot Dänemark den Handel mit Sklaven.

Die Krone des Wirkens von Andreas Peter Graf Bernstorff aber war die Bauernbefreiung. Zwar war schon vor seiner Regierungszeit die Leibeigenschaft der Bauern aufgehoben worden, aber das blieb ohne praktische Folgen. Denn was konnten die Bauern mit ihrer Freiheit ohne eigenes Land anfangen? Hier setzte die von Andreas Peter von Bernstorff durchgeführte Reform an. Bald sollten 60 % der dänischen Höfe den frei gewordenen Bauern gehören. Hierdurch entstand gerade zu ein neues Dänemark, ein Schachbrett größerer und kleinerer Bauernhöfe, das dem Land bis auf dem heutigen Tage seinen Charakter verleiht.

Nicht umsonst haben die Dänen der Bauernbefreiung Denkmäler gesetzt, die noch heute im Kopenhagen und bei Gentofte zu sehen sind. Diese friedliche Umgestaltung vollzog sich vor der französischen Revolution von 1789 bis 1794, in deren Folge auch andere europäische Staaten zu Reformen fanden. Ein Jahrhundert später finden wir Albrecht Graf Bernstorff (1809-1873) der als preußischer Außenminister und als Botschafter im London wirkte.

■ Herkunft und Jugend von Albrecht Graf Bernstorff

Anfänglich setzte auch Andreas von Bernstorff (1844-1907) diese schon traditionelle Tätigkeit im diplomatischen Dienste fort. Jedoch widmete er sich dann dem entschiedenen Christentum. Schon als 38-jähriger hatte er den Vorsitz der Evangelischen Allianz in Deutschland übernommen.

Die Anfänge der Jungmännerarbeit in Berlin und der Landeskirchlichen Gemeinschaft sind unlöslich mit seinem Namen verbunden. In Schleswig-Holstein übernahm er 1894 den Vorsitz des Gemeinschaftsverbandes und wurde 1906 3. Vorsitzender des Verbandes in Deutschland. Er hat als kirchlicher Laie eine Reihe von Bänden mit Betrachtungen zu Schriften des Neuen Testaments herausgegeben. Das Ergebnis meiner Recherche ist eine vollständige Übersicht dieser Bücher (Sie alle erschienen in der Deutschen Evangelischen Buch- und Traktagesellschaft Berlin.):

- *Die Thessalonicherbriefe in Betrachtungen*
- *Laienbetrachtungen über die Pastoralbriefe*
- *Der Jakobusbrief – Betrachtungen für Bibelleser*
- *Die Briefe St. Johannis*
- *Die Apostelgeschichte 100 Betrachtungen*
- *Reisebilder aus Schottland*
- *Die Freude am Geben*
- *Die Evangelische Allianz*

Seine Frau hatte Andreas Bernstorff in der Schweiz gefunden: Augusta von Hottinger. Sie entstammte einer interessanten Familie, die im Hans Heinrich Hottinger einen Orientalisten von Weltruhm hervorgebracht hatte. Am 6. März 1890 erblickte Albrecht Graf Bernstorff als erstes Kind von Augusta und Andreas Graf Bernstoff das Licht der Welt. 1891 folgte Heinrich, 1892 Victor, 1894 Anna und 1897 Lonizette.

Die Familie wohnte im Berlin. Während der Ferienzeit weilten sie auf der Stintenburg, ihrem Gut auf der Insel im Schaalsee. Prägend für Albrecht waren der frühe Tod seines Vaters (1907) ebenso wie ein zweijähriger Aufenthalt im Oxford als Stipendiat der Rhodes-Stiftung. Sie hatte sich als Ziel gesetzt, zur Verständigung zwischen Deutschen und Engländern beizutragen.

1914 machte Albrecht Graf Bernstorff an der Universität im Kiel das Jura-Examen und begann seinen diplomatischer Dienst bei der deutschen Botschaft im Wien. Hier hatte er einen guten Start für seine berufliche Laufbahn.

Sein Chef, Botschafter von Tschirschky, gab ihm ein Zeugnis, im den von dem Eifer und Gewissenhaftigkeit und der Umsicht des jungen Referendars gesprochen wird, der bei der Beobachtung der Presse und der Literatur einen guten Blick bewiesen habe und der auch seine mündlichen Aufgaben mit Geschick ausführte.

Zur weiteren Ausbildung wurde Albrecht dem Auswärtigen Amt zugewiesen. Im November 1918 wird er Legationssekretär und im September 1919 auf die gerade im Kraft getretene Weimarer Verfassung vereidigt, für ihm ist das mehr als eine bloße Formalität.

Nach weiteren Stationen seiner Tätigkeit traf Albrecht Graf Bernstoff im Januar 1923 als Legationssekretär der deutschen Botschaft in London ein.

■ Tätigkeit an der deutschen Botschaft in London

Hier begann sein eigentliches Lebenswerk - nicht einfach nach dem von Deutschland mit angezettelten und verlorenen 1. Weltkrieg. Vielfältige Aufgaben erwarten ihn hier in den 10 Jahren seiner Tätigkeit. Er erwarb sich durch sein Handeln großes Ansehen in der britischen Öffentlichkeit einschließlich der Regierung. Nach schweren Anfängen hatte sich in England die öffentliche Meinung über die Deutschen gewandelt. Der Deutschenhass war abgeflammt und nach dem Locarno-Vertrag von 1925 einer gewissen Sympathie für das neue Deutschland gewichen. Ein deutsch-englischer Handelsvertrag war abgeschlossen. Deutschland hatte seinen Platz im Völkerbund 1926 eingenommen. Der deutsche Außenminister Gustav Stresemann erhielt zusammen mit dem französischen Außenminister Aristide Briand im Dezember 1926 den Friedensnobel-Preis. Je weiter die 20er Jahre vorrückten, um so mehr zogen dunkle Wolken am Horizont auf. Schlimm genug war der frühe Tod des Außenministers Gustav Stresemann 1929, den der britische Premier Chamberlain ein Unglück für die Welt nannte. Beginnende Weltwirtschaftskrise mit einer steigender Zahl von Arbeitslosen, Uneinigkeit der Parteien und das Krachen in Gebälk der Weimarer Republik sowie das Aufkommen des Nationalsozialismus - das alles beunruhigte Albrecht Graf Bernstorff sehr. Hinzu kam, dass man in England die der deutschen Demokratie drohenden Gefahren für gar nicht so ernst nahm. Die neuen Leute aber hatte Bernstorff in Deutschland gesehen. Autos voll *„brauner Schweine"* wie er sich kurzerhand ausdrückte, waren an ihm vorbeigebraust. Er hatte ihre Reden gehört, ihre Zeitungen gelesen, ihr Gedankengut zur Kenntnis genommen. Alles das hatte ihm mit einem wahren Grausen erfüllt. Albrecht Graf Bernstorff aber gehörte zu den wenigen Deutschen, die vom ersten Augenblick das Wesen des Nationalsozialismus durchschauten. Und dies schon zu einer Zeit, da die Masken noch nicht gefallen waren. Wie kam er dazu? Weniger aus einer nüchternen Überlegungen als aus einem feinen Instinkt und einer moralischen Empfindlichkeit, die von dem, was die Nazis sagten und taten, unmittelbar angeschlagen wurde. In den letzten Jahren seiner Londoner Zeit hatte er dort vor der totalitären Gefahr in Deutschland die Gutgläubigen gewarnt, mochten sie in offizieller Stellung oder Gäste einer Cocktailparty sein.

Die Machtergreifung Hitlers im Januar 1933 war für Bernstorff ein schwerer Schlag. War er auch nicht blind für die Schwächen der Weimarer Demokratie, so hielt er sie dennoch für die beste Regierungsform.

Wenn gleich Bernstorffs Posten nicht sofort gefährdet war, konnte er auf Grund seiner Gewissensentscheidung nicht im Dienste der Nazis stehen. Bereits in London hatte er keinen Hehl aus seiner Einstellung gemacht. Der britische Publizist Harold Nicolson berichtet: Bernstorff hat gegenüber seinen englischen Freunden nie ein Hehl daraus gemacht, welche Gefahren von der dämonischen Energie von Hitler und seinen Anhängern für Europa und die Welt ausgehen würden. Dabei war er in seiner Offenheit leichtsinnig. Die vielen Spione, die in der deutschen Botschaft saßen, müssen einige seiner beißenden Bemerkungen nach Berlin gebracht haben. Einmal wurde Bernstorff von einer Gruppe englischer Parlamentarier gefragt, welchen Staatsmann es wohl gelingen könnte, Hitler davon zu überzeugen, dass die englische Geduld nicht unerschöpflich sei. Namen von Politikern wurden genannt. Bernstorff wurde um Rat gefragt und antwortete nach kurzem Nachdenken: *„Schicken Sie doch einen Hauptmann von den Grenadieren".* Wieso wollten sie wissen. *„Stehen Sie auf Gefreiter, wenn ich mit ihnen rede, könnte der zu Hitler sagen und Hitler würde aufstehen".* Solche sarkastischen Äußerungen machte er mehrmals und sie wurden Hitler und Genossen hinterbracht.

Dass geschah zu der Zeit, als sich der Nationalsozialismus im Aufwind befand. Graf Bernstorff zählte zu den wenigen Zeitgenossen in Deutschland , die nicht erst durch die sich später abzeichnende Katastrofe zum Widerstand fanden.

Im Juni 1933 rief man Albrecht Graf Bernstorff nach Berlin ins Auswärtige Amt zurück. Als die englische Regierung von der bevorstehenden Abberufung erfuhr, wurde Albrecht von Bernstorff von damaligen Premierminister Chamberlain zu einer Veranstaltung in die Downing Street 10 eingeladen. Dort wurde dem Botschaftsrat der Dank der Regierung für die bemerkenswerte Dienste zur Entwicklung der deutsch-englischen Freundschaft ausgesprochen. Diese Ehre war noch nie einem Botschaftsrat zuteil geworden.

■ **Keine Zusammenarbeit mit dem Hitler-Regime**

In Berlin angekommen, war Albrecht Graf Bernstorff wenige Monate im Auswärtigen Amt tätig. Die Nationalsozialisten hatten inzwischen in allen öffentlichen Einrichtungen den „Deutschen Gruß", das „Heil Hitler!" eingeführt. Ein normaler Gruß "Guten Morgen" oder „Guten Tag" war verpönt. Albrecht von Bernstorff kam bei seinem Dienst im Auswärtigen Amt täglich am Pförtner vorbei. Auf das fanatische „Heil Hitler!" des Pförtners antwortete Albrecht nur mit einem kühlen, sachlichen „Guten Morgen." Das wirkte ungeheuer provokativ. Auch seine wohlmeinenden Freunde, die ihn auf die Gefahren solchen Verhaltens hinwiesen, konnten ihn davon nicht abbringen. Aber bald bat er um seinen Abschied. Nachdem die diplomatische Laufbahn des 43jährigen abgebrochen war, musste er sich fragen: was nun? Seine englischen Freunde rieten ihm, einen Posten in der Londoner City zu suchen. Dort wäre er mit offenen Armen empfangen worden.

Er lehnte dies nach einiger Überlegung ab, auch im Sorge um die Zukunft der Stintenburg, seit 1740 im Besitz der Familie Bernstorff. Andererseits aber füllte ihn das Lebens eines Gutsbesitzers nicht völlig aus. Deshalb trat er in das jüdische Bankhaus A. E. Wassermann in Berlin ein. Das Bankgebäude befand sich am Wilhelmplatz gegenüber der Reichskanzlei von Hitler. Im Bankgebäude hatte Albrecht Graf Bernstorff sein Büro. Hilfesuchende konnten dort, nachdem sie die Bank als Kunden betreten hatten, an seine Tür klopfen. Hilfe war bedrängten jüdischen Mitmenschen geboten.

Albrecht nutzte seine Position als Mitgesellschafter des Kreditinstituts, das illegale Hilfswerk der Juden zu unterstützen. Er nutzte seine Geschäftsverbindungen mit Firmen in neutralen Ländern, um bedrängten und bedrohten Menschen beim Entkommen vor den Nazischergen in Deutschland zu helfen. Er gab auch Geld, um Pässe für das Ausland zu beschaffen. Von den Nazis Verfolgte, die sich versteckten, erhielten sogar Lebensmittel vom Gut Stintenburg. Es war dies noch zu der Zeit, da Möbelwagen mit großen Schiffskisten vor der Wohnung der Juden vorfuhren, die nach reichlicher Ausplünderung die Ausreiseerlaubnis erhalten hatten. Die Wagen der Speditionen waren dabei das letzte Glied in der Kette einer unvorstellbaren Ausplünderung der Juden. Einige Fakten verdeutlichen das Ausmaß der Beraubung der Juden: Bereits 1933 wurde von allen ausreisewilligen Juden eine so genannte Reichsfluchtsteuer erhoben. Sie betrug 25 Prozent des steuerpflichtigen Vermögens. 1938 kam die Verordnung über die Anmeldung des Vermögens der Juden – ihr folgte die Judenvermögensabgabe. Außerdem wurden die Devisenbestimmungen über Transfers ins Ausland immer weiter verschärft. Durch die deutsche Golddiskontbank wurde das Vermögen bis zu 96 Prozent entwertet. Bevor die Möbelwagen anrollten, hatten die jüdischen Mitbürger allen Besitz aus ihrer Wohnung auf Listen zu erfassen. Ihre ganze Habe: Hausrat, Möbel, Bilder, Münzen, Kunstsammlungen, Bücher, Schmuck und Weiteres wurde mit dem Möbelwagen abgeholt. Als Umzugsgut wurde es bei den Speditionen eingelagert. Doch es erreichte dann nie mehr seine Besitzer. Auf Veranlassung des NS-Regimes wurde alles auf Auktionen versteigert. Die Nazis waren bereits auf Lauerstellung, um Häuser und Wohnungen der Juden wieder zu belegen. Aber nicht nur die ausreisenden Juden wurden ausgeplündert, sondern auch diejenigen, die in die Vernichtungslager kamen. Nach vorsichtigen Schätzungen riss sich NS-Staat 37 Milliarden Reichsmark dadurch unter den Nagel.

Auf Grund dieser Fakten ist die Hilfe von Albrecht von Bernstorff erst richtig zu verstehen und zu würdigen. Den ausgeraubten Juden Geld für Pässe zu beschaffen, und anderweitig zu helfen, war eine mutige Tat.[2]

Wie viel Geld und wie konnten es die Unglücklichen mitnehmen? War der gültige Pass erhältlich oder nicht? Bei der damaligen allgemeinen Unberechenbarkeit der Behörden musste mit größter Geschicklichkeit vorgegangen werden. Selbst dann konnte im letzten Moment noch quergeschossen werden. So hatte Bernstorff bereits alle Vorkehrungen getroffen, um die Witwe des Künstlers Max Liebermanns über die Grenze bringen zu lassen. Da tauchte ein böser Geist auf, und die alte Frau nahm Gift, so entging sie ihrer Verhaftung.

Wie schwer Albrecht unter solchen Tragödien litt, bezeugte sein Bankkollege, Herr von Heinz. Er fand Bernstorff in Tränen, als sich die Tür hinter Wassermann, dem letzten Träger des Firmennamens, schloss. Angesichts der Reichskristallnacht einen verfolgten Juden zu helfen, wurde ein ungeheures Wagnis. Aber auch hierbei versagte Albrecht nicht. Der Frankfurter Historiker Ernst Kantorowicz beschreibt seine Rettung am 8. November 1938:

„Am 8. November sollten Albrecht Bernstorff und Helmut Küpper bei mir in der Carmerstraße essen.

Früh am Morgen des 8. holte mich ein Anruf Bernstorffs aus dem Badezimmer: Wir müssten das Essen bei mir vertagen; ich sollte statt dessen zu ihm kommen und mir das Nötigste mitbringen, um eventuell nach Stintenburg zu fahren. Ich verstand den Wink; obwohl ich erst später über die Ereignisse der Nacht unterrichtet wurde: das Ausbrennen der Synagogen, die Plünderung jüdischer Läden und die wahllose Verhaftung einzelner Juden. Bernstorff hatte mich vor der Haft oder Schlimmerem retten wollen. Dankbar siedelte ich zu ihm über. Mehr als eine Woche blieb ich in der Hildebrandstraße verborgen, bis die Gefahr für mich nicht mehr bestand, ich meinen Pass in Händen hielt und von ihm zur Bahn geleitet,...nach England abreisen konnte. Ob Albrecht daran gedacht hat, in welcher Gefahr er sich selbst begab, als er mich bei sich verborg? An jenem Morgen gewiss nicht. Ihm, dem Ritterlichen, der nur das im Augenblick zum Schutze des Freundes Nötige erwog, kam der Gedanke an eigene Gefährdung wohl kaum in den Sinn. Später und auf meine Einwände hin, schob er den Gedanken an sich selbst einfach bei Seite. Er verachtete die Gefahr, wie er die Nazis verachtete - und hasste".[3]

Neben der Hilfe für bedrängte Juden sah Albrecht Graf Bernstorff seine Aufgabe darin, als Einzelgänger den Nationalsozialismus zu bekämpfen. Zu seinen Freunden und Bekannten gehörte die Familie des liberalen Diplomaten Wilhelm Solf, der Diplomat Adam von Trott zu Solz und General Hans Oster.

Für Bernstorff war es klar, Hitler will den Krieg. Diese Erkenntnis ließ er auch Freunden und Bekannten und Politikern im England zukommen. Aber er fand wenig Gehör in einer Zeit, da die Westmächte Hitler gegenüber eine Beschwichtigungspolitik betrieben. Dessen Ergebnis war das Münchener Abkommen von

1938 mit dem Anschluss des Sudetenlandes an Deutschland. Albrecht sah nicht nur den kommenden schrecklichen Krieg voraus, sondern auch dessen katastrophalen Ausgang für Deutschland.

Im Herbst 1939 ließ General Hans Oster von der Abwehr den belgischen und holländischen Gesandten durch Albrecht Bernstorff eine vorsichtige Warnung vor einen Angriff in den Morgenstunden des 12. November 1939 zu kommen, der dann am 10. Mai 1940 tatsächlich erfolgte.

■ Erste Verhaftung im Mai 1940

Im selben Monat wurde Bernstorff auf Grund einer Denunziation verhaftet.

Nach drei Wochen kam er in das Konzentrationslager Dachau, wurde aber in September 1940 wieder entlassen. Theodor Heuss berichtet : „Als ich erfuhr, dass er entlassen war, besuchte ich ihn. Er klagte nicht".[4] Theodor Heuss war in den Jahren der Weimarer Republik liberaler Abgeordneter im Reichstag. Er saß dort neben Johann Heinrich von Bernstorff, Onkel von Albrecht von Bernstorff. Seit 1933 hatte Theodor Heuss freundschaftlichen Kontakt mit Albrecht von Bernstorff. Johann Heinrich emigrierte 1933 in die Schweiz.

Für Theodor Heuss war es schön, sich als Gast von Albrecht verwöhnen zu lassen. Skuril war es, wenn Heuss und er im Büro des Bankhauses Wassermann über das Schicksal des Vaterlandes nachdachten. Denn gegenüber des Bankhauses am Wilhelmsplatz war Hitlers Reichskanzlei, wo dem deutschen Volk die geschichtliche Katastrofe bereitet wurde. Ein Witzbold hatte dem Wilhelmplatz den Namen Piazza Spontana gegeben, weil hier die von den Nazis angeordneten Massenkundgebungen stattfanden. (Übrigens wurde Theodor Heuss später der erste Bundespräsident der alten Bundesrepublik)

■ Weiterwirken gegen die Nazis

Die Freunde und die Familie von Albrecht Bernstorff hofften, dass sich Albrecht nach den leidvollen Erfahrungen im KZ Dachau ganz auf Gut Stintenburg zurückziehen würde. Jedoch nahm er seine Arbeit wieder auf. In Berlin in der Bank und als Widerstandskämpfer. Nur etwas vorsichtiger war er geworden. Denn er stand in den Listen der geheimen Staatspolizi, die ihn ständig beobachten ließ. Eine Portiersfrau aus der Nachbarschaft wurde von der Staatspolizei dafür bezahlt, den ganzen Tag am Fenster zu sitzen, um zu beobachten, wer bei Albrecht Bernstorff ein- und ausging. Und sie gab diese Informationen weiter. Am 22. Juni 1941 erfolgte Hitlerdeutschlands Überfall auf die Sowjetunion. Spätestens Ende 1942 Anfang 1943 mit der verlorenen Stalingrad-Schlacht zeichnete sich die beginnende Katastrofe für Deutschland ab. Für die Widerstandsbewegung war Albrecht Bernstorff wertvoll, weil er noch immer Kontakt mit dem Ausland besaß. Reisen ins Ausland wurde nur sehr schwer genehmigt. Albrecht von Bernstorff hatte jedoch in der Schweiz Verwandte und Familienbesitz. Diese Gründe dienten dazu, die behördliche Ausreiseerlaubnis zu erhalten. Über die im zweiten Weltkrieg neutrale Schweiz waren Reisen nach Großbritannien und in die USA möglich. In der Schweiz aber traf er politische Freunde aus Deutschland, die vor den Nazis geflohen waren. Verbindungen in Deutschland zu späteren Mitverschwörern des 20. Juli 1944 bestanden weiter, wie beispielsweise zu Adam von Trott zu Solz, der im Auswärtigen Amt tätig war. Albrecht Graf Bernstorff hatte auch nach England Verbindung. Fast drei Jahre war es ihm möglich, immer wieder in die Schweiz zu fahren. Noch im Juli 1943 hielt er sich dort zum Besuch auf. Seine besorgten Freunde rieten ihm dringend, nicht wieder nach Deutschland zurückzukehren. Sie sahen die Gefahren für Albrecht. Er aber tröstete besorgte Freunde damit: noch einmal wollte er nach Deutschland zurück, beim nächsten Besuch aber vielleicht nicht mehr.

■ Erneute Verhaftung und Leidensweg

Am Tage seiner Rückkehr nach Berlin Ende Ende Juli 1943 wurde Albrecht Graf Bernstorff verhaftet. So schlimm es bereits im Konzentrationslager Dachau für ihn zuging, jetzt erfuhr er die volle Bestialität des Regimes. Wie üblich kam er zunächst in das Gestapogefängnis in der Berliner Prinz Albrecht Straße. Im Februar 1944 wurde er im den KZ Ravensbrück überführt. Ein Augenzeuge, Hilger von Scherpenberg, später Staatssekretär in der Bundesrepublik und Botschafter beim Vatikan, der Ravensbrück überlebte, berichtet:

„In Ravensbrück wurden wir offenbar absichtlich streng getrennt gehalten. Wir haben uns aber ein oder zweimal beim Spaziergang getroffen. Damals berichtete Albrecht, dass er bis dahin noch nicht mißhandelt worden sei, dass er aber einigen Vernehmungen mit großer Sorge entgegensehe. Ich habe dann kurze Zeit danach von meinem Zellenfenster aus feststellen können, dass er eines Tages sehr früh zur Vernehmung nach Drögen (hier war die Sonderkommission für politische Verbrechen einquartiert) abtransportiert wurde. Nach Einbruch der Dunkelheit wurde er auf eine Bahre mit Decken zugedeckt zurückgebracht und in eine Dunkelzelle gesteckt. Jedenfalls war er in diesem Verhör schwer zusammengeschlagen worden".

Er wurde dann einige Tage in Dunkelhaft gehalten und kam wieder in eine normale Zelle. Frau Hanna Solf, sie überlebte den Terror in Ravensbrück, berichtet, als sie erfuhr, dass Albrecht von einer Vernehmung zurückgebracht wurde, hatte sie sich auf den Schemel ihrer Zelle gestellt und sah durch den Querholz der Tür, wie er blutbedeckt und von zwei Wärtern gestützt an ihre Zelle vorbeigeführt wurde. Dabei blickte er zu ihr auf und lächelte. *„Niemals"*, sagte Frau Solf, *„habe ich einen Ausdruck solchen Leidens und solcher Entschlossenheit gesehen. Ich werde das nicht vergessen, bis ich sterbe."*[5]

Anfang November 1944 wurde Albrecht Graf Bernstorff in das Moabiter Gefängnis in der Lehrter Straße Berlins überführt. Hier sollte er die letzten Monate seines Lebens verbringen. Ihn erwartete eine Anklage vor dem berüchtigten Volksgerichtshof, der nach dem gescheiterten Attentat auf Hitler eine Hetzjagd auf Mitverschworene trieb. Vorgeworfen wurde ihm eine Zusammenarbeit mit Reichskanzler a.D. Joseph Wirth in der Schweiz zwecks Bildung einer deutschen Exilregierung.

Weitere Vorwürfe waren Zusammenarbeit mit dem Solf-Kreis. Vorgehalten wurde ihn der Kontakt zu Otto Geßler. Jener liberale Politiker war Reichswehrminister in Deutschland von 1920-1928. Für den Fall, dass das Attentat auf Hitler gelingt, war er für die Funktion des Politischen Beauftragten für den Wehrkreis VII München vorgesehen. Vorgeworfen wurde Albrecht eine allgemein ablehnende je feindliche Einstellung gegen das Regime, Fühlung mit Ausländern und weitere Beschuldigungen. Am 15. November 1944 geht vom Oberreichsanwalt beim Volksgerichtshof ein Schreiben an das Zellengefängnis Lehrterstraße Abteilung Reichssicherheitshauptamt. Ich zitiere daraus:

„Betrifft: Strafsache gegen Solf und Andere wegen Vorbereitung zum Hochverrat und Feindbegünstigung. In vorstehendem Verfahren teile ich mit, dass die Anklageschrift gegen
1. den Legationsrat a. D. Dr. Richard Kuenzer aus Berlin,
2. den Grafen Albrecht von Bernstorff aus Berlin,
3. den Armeeoberpfarrer a. D. und Professor der Philosophie Friedrich Erzleben aus Berlin,
4. den Schriftsteller und Historiker Dr. phil. Maximilian von Hagen aus Berlin
dem Volksgerichtshof eingereicht worden ist und die Briefüberwachung pp daher nunmehr diesem Gericht obliegt". [6]

Zu einem Prozess, den Präsident Freisler selber mit sichtlichem Vergnügen geführt hätte, sollte es nicht mehr kommen. Eine Fliegerbombe traf den Luftschutzkeller des Volksgerichtshofes. Schwer verwundet wurde Freisler in das benachbarte evangelische Elisabethkrankenhaus gebracht. Die Empfangsschwester im Krankenhaus war an jenem Tag die Diakonisse Anna von Bernstorff. Sie sah Freisler auf der Bahre vor ihren Füßen sterben. Freisler wäre es ein Vergnügen gewesen, Albrecht zum Tode zu verurteilen. Im April 1945 sind die Tage Hitlers und des NS- Regimes schon gezählt. Die Befreier und die Befreiung Berlins nahen. Detlef von Winterfeld, Freund und Leidensgenosse Albrecht Bernstorffs, berichtet:

„Generell war Albrecht voller Haltung allein Kommenden ins Auge zu sehen, seine Befriedigung, dass er und seine Freunde die Lage von allem Anfang an völlig richtig beurteilt und keine faulen Kompromisse mit dem Regime gemacht hatten, war unverkennbar und eine starke moralische Stütze. Naturgemäß war er mindestens zeitweise nicht frei von unserer allgemeinen Sorge, die politischen Häftlinge würden vor dem unvermeidlich nahen Ende summarisch um-

gebracht werden, wobei er als möglicher Kronzeuge gegen Außenminister Ribbentrop als dessen intimster Feind besonders gefährdet werde".[7]

Mit dem Beginn der Kämpfe um Berlin verschwand das Gestapo-Bewachungspersonal. In der Nacht vom 23. zum 24. April 1945 wurden Albrecht Bernstorff, Baron Guttenberg und Herr Schneppenhorst von einem SS- Kommando zum angeblichen Abtransport abgeholt. Die SS-Leute brachten sie zum nächstgelegenen Massengrab. Dort werden sie durch Genickschuss ermordet. Ihre Leichen wurden sofort verscharrt. So bezahlte Albrecht Graf Bernstorff seinen Widerstand mit dem Leben. Es war ein letzter Racheakt der SS, der vermutlich von Außenminister Ribbentrop initiiert worden war. Ribbentrop fürchtete, bei einem späteren Prozess von den Zeugenaussagen eines Albrecht von Bernstorff belastet zu werden. Bereits am 25. April 1945 wurde das Gefängnis befreit.

Die Majestät des Gewissens – ich denke, eindrucksvoller kann man nicht das Leben und Wirken von Albrecht Graf Bernstorff beschreiben.

■ Was können wir heute von ihm lernen?

Ich denke, eine freiheitliche und demokratische Grundhaltung, welche die Würde des Menschen als unantastbar ansieht, war prägend für Albrecht Bernstorff. Ich sehe es als eine Aufgabe unserer Gesellschaft an, solche Grundwerte der heutigen jungen Generation in unserem Lande wirkungsvoll zu vermitteln. Die Jugend braucht in der Zeit des Umbruchs, den die Wiedervereinigung unseres Vaterlandes mit sich brachte, Vorbilder. Eine freiheitlich-demokratische Haltung kann das Gewissen entscheidend schärfen. Albrecht Graf Bernstorff erkannte deshalb von Anfang an die Gefährlichkeit und die Menschenverachtung, die sich hinter der Ideologie des Nationalsozialismus verbarg. Das geschah zu einer Zeit, da viele sich von dessen Parolen blenden ließen. Auch heute will sich wieder rechtsradikales Gedankengut in den Köpfen der jungen Generation einnisten. Die eine Sache ist es, gesellschaftliche Ursachen für Rechtsradikalismus zu beseitigen. Aber ebenso muss es Aufgabe der Erziehung sein, an der Ausprägung einer Liebe zu Freiheit, Demokratie, Achtung und Toleranz bei der Jugend mitzuwirken. Eltern, Schulen, Kirchen, Parteien und Verbände sind dabei gefragt. Internationaler Jugendaustausch dient der Völkerverständigung. Das Oxforder Erleben hat den späteren Weg Albrecht Graf Bernstorffs entscheidend geprägt. Durch die Begegnung junger Menschen verschiedener Länder findet ein Kennenlernen anderer Kulturen statt. Das Verständnis für einander wird gefördert. Stätten der Begegnung sind auch heute notwendiger denn je, um Ausländerfeindlichkeit entgegentreten zu können. Vorbild ist uns Albrecht Graf Bernstorff auch durch seine 10-jährige Tätigkeit in London, mit der er zur Verständigung von Briten und Deutschen einen wesentlichen Beitrag leisten konnte.

Es ist Aufgabe der Politik, dieses Vermächtnis in Ehren zu halten und fortzuführen. Dass die Wiedervereinigung unseres Vaterlandes im Einvernehmen mit allen seinen Nachbarn erfolgte, bietet gute Voraussetzungen, um Freundschaft mit den Völkern im Osten und im Westen aufzubauen und zu erhalten.

Albrecht Graf Bernstorff half bedrängten jüdischen Menschen in Not. Sein Vermächtnis ist es, auch heute allem aufkommenden Antisemitismus entgegenzutreten. Ein Letztes: In der DDR blieb das Leben und Wirken von Albrecht Graf Bernstorff weitgehend unbekannt. Auch in der alten Bundesrepublik hat es lange gedauert, bis die Haltung von Hitlergegnern Würdigung und Anerkennung fand. Wir wollen in der heutigen Zeit lernen, die ganze Breite des Widerstandes gegen den Nationalsozialismus zu sehen, differenziert zu betrachten und zu werten. Dabei sollten Objektivität und damit verbunden Wahrhaftigkeit Maßstäbe sein. Der Name Albrecht Graf Bernstorff und sein Wirken sind es wert, dass die Erinnerung an ihm wachgehalten wird. Noch gibt es keine Straße und keinen Platz in Deutschland, der nach ihm benannt ist. Wäre es nicht auch angebracht, dass sich eine Schule oder ein Gymnasium um diesen Namen bewirbt? Nachwirkung des Vortrages.

Zum 50. Jahrestag der Hinrichtung Bernstoffs fand auf der Stintenburg eine Kranzniederlegung des Auswärtigen Amtes und des Ministerpräsidenten des Landes Mecklenburg-Vorpommerns statt. Das dokumentiert der folgende Fototeil.

Kranzniederlegung am 23. April 1995

Gedenkkreuz für Albrecht von Bernstorff in Stintenburg

Schloss Stintenburg, seit 1740 im Besitz der Familie Bernstorff

Gräfin Marion Dönhoff war mit Albrecht befreundet

Aus der Bernstorffschen Stammtafel

Andreas
(1604-1655)
Braunschweig-lüneburg. Rat, Domherr zu Ratzeburg

Andreas Gottlieb Freiherr von Bernstorff
(1649 – 1726)
Hannöverscher Premierminister, großbritannischer Rat

Johann Hartwig Ernst
(1712 – 1772)
dänischer Premierminister

Andreas Petrus
(1735 – 1797)
dänischer Premierminister

Christian Günther
(1797 – 1835)
Dänischer Premierminister und Außenminister
Preußischer Staats- und Kabinettsminister

Albrecht der Ältere
(1809 – 1873)
preußischer/deutscher Diplomat in London
preußischer Außenminister

Johann Heinrich
(1862 –1938)
Deutscher Botschafter in den USA,
Reichstagsabgeordneter der DDP
Präsident der Liga für den Völkerbund

Albrecht der Jüngere
1890 – 1945
Botschaftsrat in London

Zeittafel Albrecht von Bernstorff

1890	Am *6. März* in Berlin geboren
1907	Erbe des Fideikommiß Stintenburg (Schaalsee)
1909	Abitur und Jurastudium in Berlin
1909-1911	Rhodes-Schüler am Trinity College in Oxford
1914	Der deutschen Botschaft in Wien zugeteilt
1918	Legationssekretär
1920	Beim Reichskommissar in Koblenz
1921-1922	Bankpraktikum in Berlin
1923	Dienstantritt bei der Deutschen Botschaft in London
1924	Gesandtschaftsrat der Botschaft
1931	Ernennung zum Botschaftsrat
1933	*Juni*: Abberufung aus London
	November Versetzung in den einstweiligen Ruhestand, Wohnsitz Berlin, Eintritt in das jüdische Bankhaus A. E. Wassermann
1937	Persönlich haftender Gesellschafter des Bankhauses Wassermann
1940	*Mai*: Verhaftung, bis Ende *September* im KZ Dachau, Freilassung 1940
1943	*Juli*: Verhaftung nach Rückkehr aus der Schweiz, Gestapo-Gefängnis Prinz-Albrecht-Straße Berlin, KZ Ravensbrück, Moabiter Gefängnis Lehrter Straße
1944	Aus dem Verhältnis eines Ruhestandsbeamten ausgestoßen
1945	In der Nacht vom *23.* zum *24. April* von der SS im letzten Racheakt hingerichtet
1961	*27. Juni*: Enthüllung einer Gedenkplakette für Albrecht von Bernstorff in der neuen deutschen Botschaft in London
	20. Juli: Auf der Gedenktafel im Bonner Auswärtigen Amt für die Opfer des Nationalsozialismus wird auch Albrecht von Bernstorff vermerkt.
1995	*23. April*: Kranzniederlegung des Auswärtigen Amtes und des Ministerpräsidenten von Mecklenburg-Vorpommern am Gedenkkreuz für Albrecht von Bernstorff in Stintenburg

Quellennachweis

1   Der Autor entschied sich für eine ausführliche Darstellung von Andreas Peter von Bernstorff, da die Auswirkungen seiner Regierungszeit in Dänemark besonders nachhaltig sind. 200 Jahre nach seinem Tode bestimmte seine Stellung zu den Juden, deren Emanzipation er ermöglicht hatte, den Widerstand der Dänen gegen die Judenverfolgung während der Besetzung des Landes durch Nazideutschland.

2   Zur ganzen Frage der Ausraubung der Juden im Dritten Reich wird verwiesen auf „Der große Raub", eine Video-Dokumentation des Hessischen Rundfunks Wiesbaden 2001 von Hennig Burk und Dietrich Wagner. Sie bietet sehr anschaulich alle Fakten zur Ausplünderung und untersucht sie speziell auf das Land Hessen. Außerdem wird auf den Katalog „Legalisierter Raub - Der Fiskus und die Ausplünderung der Juden in Hessen 1933 – 1945" von der Sparkassen-Kultur-Stiftung Hessen-Thüringen hingewiesen.

3   *Stutterheim, Kurt*: Die Majestät des Gewissens. In Memoriam Albrecht Graf Bernstorff. Hans Christians-Verlag, Hamburg 1962, Seite 74

4   wie Fn. 3, Theodor Heuss in seinem Vorwort, Seite 8

5   wie Fn. 3, Seite 85

6   Archiv Annlies von Bernstorff

7   wie Fn. 3, Seite 87

Literaturhinweise

1. Otto von Bismarck

Lothar Gall: Bismarck: der weiße Revolutionär. Ullstein, Berlin 1997

Bismarck: Gedanken und Erinnerungen. Die drei Bände in einem Band. Cotta, Stuttgart ohne Jahr (um 1920)

Bismarck-Briefe: 1. Familienbriefe II. Politische Briefe. Hrg. Von Bruno Walden Globus Verlag Berlin o. J.

Richard Sexau: Kaiser oder Kanzler Hoffmann und Campe Hamburg 1936

Wilhelm Schüßler: Bismarcks Sturz Quelle und Meyer Leipzig 1922

Tim Klein: Der Kanzler Otto von Bismarck in seinen Briefen, Reden und Erinnerungen sowie in Berichten und Anekdoten seiner Zeit mit geschichtlichen Verbindungen. Wilhelm Langewiesche Bank Ebenhausen bei München 1915

Heinz Wolter (Hrsg): Otto von Bismarck. Dokumente seines Lebens 1815-1898, Verlag P. Reclam jun. Leipzig 1989

Wofgang Goetz: Bismarck und seine Leute. Nach Tagebuchblättern von D. Moritz Busch. Gekürzte Neuausgabe von Wolfgang Goetz, Frundsberg-Verlag Berlin 1940

Werner Beumelburg: Bismarck gründet das Reich. Gerhard Stalling, Verlagsbuchhandlung Oldenburg/i.O./Berlin 1932

Gustav Seeber /Heinz Wolter: Mit Eisen und Blut. Dietz-Verlag, Berlin 1983

Helmut M. Müller: Schlaglichter der deutschen Geschichte. Bibliografisches Institut Brockhaus, 1996

Veit Valentin: Geschichte der Deutschen. Ungekürzte Buchgemeinschafts-Lizenzausgabe der Bertelsmann Club GmbH, Gütersloh 1993

Gerd Heinrich: Geschichte Preußens. Staat und Dynastie. Ullstein Sachbuch, 1984

Wilhelm II: Ereignisse und Gestalten 1878-1918. Koehler Verlag, Leipzig/Berlin 1922

Karl-Heinrich Peter: Proklamationen und Manifeste zur Weltgeschichte. Cotta-Verlag, Stuttgart 1964

2. Gustav Stresemann

Wolfgang Stresemann: Mein Vater Gustav Stresemann. Herbig, München 1979

Henry Bernhard: Gustav Stresemann Vermächtnis – Der Nachlass in drei Bänden. Herausgegeben von Henry Bernhard unter Mitarbeit von Wolfgang Goetz und Paul Wiegler, Ullstein-Verlag, Berlin 1932/1933. 1. Band: Vom Ruhrkrieg bis London, 2. Band: Locarno und Genf, 3. Band: Von Thoiry bis zum Ausklang

Antonia Vallentin: Stresemann. Vom Werden einer Staatsidee. Paul List Verlag, Leipzig 1930

Theodor Eschenburg; Ulrich Frank-Planitz: Gustav Stresemann. Eine Bildbio-
graphie, Deutsche Verlagsanstalt 1978

Helmut M. Müller: Schlaglichter der deutschen Geschichte. Bibliografisches Institut Brockhaus 1996

Veit Valentin: Geschichte der Deutschen. Ungekürzte Buchgemeinschafts-Lizenzausgabe der Bertelsmann Club GmbH, Gütersloh 1993

Robert Hofmann: Geschichte der deutschen Parteien. Von der Kaiserzeit bis zur
Gegenwart. Piper Verlag, München/Zürich 1993

Werner Maser: Friedrich Ebert. Der erste deutsche Reichspräsident. Droemer
Knaur, München 1987

3. Albrecht von Bernstorff

Hedwig von Redern: Andreas von Bernstorff, Schwerin 1909

Graf Johann Heinrich Bernstorff: Deutschland und Amerika. Ullstein, Berlin 1920

Graf Johann Heinrich Bernstorff: Erinnerungen und Briefe. Polygraphischer
Verlag, Zürich 1936

Gräfin Reventlow: Albrecht Bernstorff zum Gedächtnis Als Privatdruck bei Helmut Küpper 1952

Kurt von Stutternheim: Die Majestät des Gewissens. In Memoriam Albrecht Bernstorff, Hans Christians Verlag, Hamburg 1962

Marion Gräfin Dönhoff: Um der Ehre Willen. Erinnerung an die Freunde vom
20. Juli. Wolf Jobst Siedler Verlag, Berlin 1994

Eckhard Opitz: Die Bernstorffs. Eine europäische Familie. Verlag Boyens & Co.
2001

Rainer Brunst: Sein Gewissen gebot Widerstand. In:SVZ Wochenend-Magazin
16. Juli 1994, S. 4

Torsten Liesegang:

Lesegesellschaften in Baden 1780 - 1850
Ein Beitrag zum Strukturwandel der literarischen Öffentlichkeit

Aufgrund der politischen Einflusslosigkeit des Bürgertums in Deutschland nahm der Begriff der Öffentlichkeit eine zentrale Rolle im Denken der bürgerlichen Gesellschaftstheorie im 18. und 19. Jahrhundert ein. Das vom Bürgertum getragene öffentliche Räsonnement sollte ein Gegengewicht zur Fürstenherrschaft darstellen und eine Kontrolle über alle öffentlichen Belange garantieren.

Am Beginn der öffentlichen Institutionalisierung des bürgerlichen Lebens standen die Lesegesellschaften, die einen großen Beitrag zur sozialen Entwicklung und politischen Ausdifferenzierung des Bürgertums im ausgehenden 18. und im 19. Jahrhundert leisteten. So auch in Baden: Hier wurden zwischen 1780 und 1850 mehr als 80 Lesegesellschaften gegründet, die in den meisten Fällen die ersten Formen einer bürgerlichen Selbstorganisation darstellten und den Ausgangspunkt einer Vereinsbewegung setzten, die in der Folge immer weitere Teile des bürgerlichen Lebens erschloss.

Dabei ist der Beginn der Lesegesellschaftsbewegung nicht nur auf die größeren Städte wie Karlsruhe, Mannheim oder Heidelberg begrenzt; die Gründungen in Pforzheim 1785 und Emmendingen 1805 zeigen, dass auch in größeren Gemeinden die gesellschaftlichen Voraussetzungen hierfür geschaffen waren.

Der vorliegende Band rekonstruiert auf Grund einer breiten Quellenauswertung die Entwicklung der Lesegesellschaftsbewegung in Baden bis in die Tage des Nachmärz.

Torsten Liesegang: Lesegesellschaften in Baden 1780 - 1850. Ein Beitrag zum Strukturwandel der literarischen Öffentlichkeit. 2000. 166 Seiten. Preis: 20,22 Euro.

ISBN 3-930894-21-1.

Unsere Bücher finden Sie im Internet unter: www.rhombos.de

RHOMBOS-VERLAG, Kurfürstenstrasse 17
10785 Berlin, Tel. 030-261 94 61
Fax 030-2 61 63 00,
eMail: verlag@rhombos.de,
Internet: www.rhombos.de
Verkehrsnummer: 65859

www.rhombos.de

Elke Egger / Günther Egger:

Der Landkreis Mühldorf a. Inn im Nationalsozialismus

2001. DIN A5. 164 Seiten. EUR 25.50.

ISBN 3-930894-39-4. RHOMBOS-VERLAG, Berlin

Nicht nur in fernen Zentren wie Dachau oder Flossenbürg spielten sich dunkle Kapitel der NS-Vergangenheit ab, auch vor dem Landkreis Mühldorf machte die Nazi-Barbarei nicht halt: Zahlreiche Mahnmale im Mühldorfer Hart, die heute noch immer ungeschützt dem Verfall preisgegeben sind, erinnern daran, dass auch der Landkreis Mühldorf mit seinen Konzentrationslagern eine zentrale Stätte der Judenvernichtung und unsäglichen Leids gewesen ist.

Todesmärsche aus Buchenwald und Flossenbürg führten in den letzten Kriegstagen durch den Landkreis Mühldorf, wo zahlreiche Gefangene von den Schergen des nationalsozialistischen Regimes auf offener Straße ermordet wurden.

Die Tendenz geht dahin, diese heute noch sichtbaren Stätten sich selbst zu überlassen und dem Verfall preiszugeben, anstatt sie als lebendiges Mahnmal zu begreifen. Auf diese Art und Weise wird die Erinnerung an eine schlimme Vergangenheit ausgelöscht, anstatt sie gerade in Zeiten eines erstarkenden Rechtsradikalismus als eine Mahnung an die Zukunft und als einen geschichtlichen Lernort zu begreifen.

Mit ihrer Dokumentation möchten die Autoren vor allem verdeutlichen: Geschichtsarbeit bedeutet nicht nur die Aufzählung von Fakten, sondern darüber hinaus auch das Gedenken an die Opfer. Schließlich war in den Lagern - Vernichtung durch Arbeit ist das Stichwort - nicht nur eine anonyme Masse von über 4.000 Häftlingen ermordet worden: Vielmehr handelt es sich um über 4.000 verschiedene Einzelschicksale. Die Tatsache, dass Stadt und Landkreis im heimischen Raum den Opfern des örtlichen Holocausts bis zum heutigen Zeitpunkt ein Denkmal verweigert haben, andererseits aber Straßen nach lokalen NS-Größen benannt haben, ist grotesk und beschämend zugleich. Sie sollte gleichzeitig einen Anstoß geben, sich engagiert und unvoreingenommen mit der Geschichte auseinanderzusetzen. Hierzu bietet diese Dokumentation eine wichtige Grundlage.

Die Autoren dieser Veröffentlichung, Elke und Günther Egger, sind seit vielen Jahren in der Geschichtsarbeit aktiv und in der Geschichtswerkstatt Mühldorf e.V. engagiert.

Die Geschichtswerkstatt (www.geschichtswerkstatt.de) ist ein eingetragener Verein mit Sitz in Mühldorf und hat laut Satzung den Zweck, „die Geschichte des Nationalsozialismus im Landkreis Mühldorf zu erforschen und einer breiten Öffentlichkeit zugänglich zu machen, um so im Geiste der Völkerverständigung zu einer demokratischen Bewusstseinsbildung beizutragen."